JN074131

佛教考古学

上巻

坂詰秀一

雄山閣

『佛教の考古学』の揮毫

仏教考古学の研学に際して、石田茂作先生（一八九四〜一九七七）と久保常晴先生（一九〇七〜一九七八）に教導を頂いてきた。本書の題字〝佛教の考古學〟は石田先生の揮毫で、久保先生の『佛教考古學研究』（一九六七）に依拠している。久保先生は還暦にあたり、ご自身の論文集出版を望まれたので、編集を担当した私が密かに石田先生に揮毫と「序」をお願いした。出版後、久保先生は「石田先生がよく揮毫され、「序」を書いてくださった」と感激されたことを思い出す。

表紙・扉の「[illegible]（の）」は、石田茂作『随筆二つの感謝』（一九七四）『廃瓦塔の由来』（同）による。

はじめに

仏教考古学の途を彷徨って何時か半世紀が過ぎた。形而上の仏教を、形而下の物質的資料によって研究する考古学の一分野として設定された仏教考古学は、幾多の先学によって研究され、わが国独自の体系が形成された。

過ぎし日、考古学を学んで「考古学は、時間と空間に限定されることなくヒトの過去を明らかにする歴史の学」と認識したが、それは、イギリス・ホーガース（DAVID GEORGE, HOGARTH, 一八六二〜一九二七）の考古学定義に基づいた濱田耕作（一八八一〜一九三八）の『通論考古學』（一九二二）に見える「考古學は過去人類の物質的遺物に拠り人類の過去を研究するの學なり」との定義を基底とした理解であった。

仏教考古学の体系を成した石田茂作（一八九四〜一九七七）は「仏教的遺跡・遺物を通して古代仏教を考えることが仏教考古学也」（一九六六）と定義し、『新版仏教考古学講座』（七巻、一九七五〜七七）の監修にあたった。この石田提言を承けて、私なりに「過去における仏教を物質的資料（遺跡・遺構・遺物）によってあきらかにする宗教考古学の一分野であり、時間的には紀元前五世紀から昨日まで、空間的には仏教伝播の全地域を対象とする」（一九八三）と認識するにいたった。

その間、仏教の開祖・釈尊の故郷（ネパール・タライ地方）の遺跡（生誕の地・ルンビニー、成育出家の地—推定カピラ城跡・ティラウラコット）を発掘調査し、南・東南アジアのほか、中国・朝鮮半島における仏教遺跡を踏査し見学する機会に恵まれた。一方、日本において寺院・塔婆・経塚・墓などの発掘、仏足跡・仏像・仏法具などの調査を体験し、仏教関係の資料に接することが出来たことは冥利であった。

しかし、石田先生から仏教考古学を学ぶには仏教そのものを知ることが必要との教えを頂きながら、仏教の教学を学び、汎アジアの仏教史の理解に努め、仏教の遺跡・遺構・遺物を検討するなど、仏教考古学の体系的把握の方法の模索を続けてきたが、いまだ茫洋としているのは慙愧に堪えない。ただ、同学の士の理解と同情と協力を得て『仏教考古学事典』（二〇〇三・五、新装版二〇一八）を編むことができたのは今生の厚誼であった。

この度、その途次に縁あって執筆した仏教考古学に関する小論中から選択し、仏足跡の信仰、経塚の概念と源流問題、伽藍の構成、塔婆調査の具体例、出土の仏具などについての私見を収録した。

考古学的資料により、仏教を考えた――「仏教考古学」についての小論集である。

坂詰　秀一

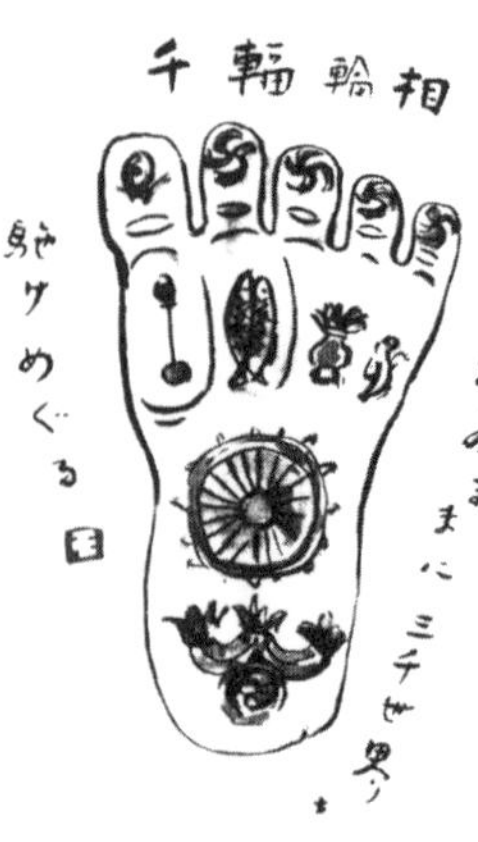

廃瓦塔（瓦礫洞人・石田茂作先生建立。愛知・矢作、曼荼羅庭園内）の落慶供養
一九七四年（昭和四九）五月一一日の散華（瓦礫洞人作画）

仏教と考古学　上◉目次

はじめに……i

Ⅰ　仏教考古学への招待

一　仏教史研究と考古学……1
二　仏教考古学の資料……4
三　資料の調査とその活用……8
四　寺院の調査……14
㈠　伽藍の意味　14／㈡　寺院の配置　15／㈢　寺院跡の調査　19／㈣　寺院史の調査　23
五　塔婆の調査……25
㈠　塔婆の意味　25／㈡　塔婆の種類　26／㈢　塔婆の調査　27

六　仏像・仏具の調査……34
㈠　仏像の調査　34／㈡　仏具の調査　36

七　経塚の調査……38
㈠　経塚の諸相　38／㈡　経塚の調査　43

八　墳墓の調査……45
㈠　仏教と火葬　45／㈡　火葬場　46／㈢　火葬流布の時期と背景　46／㈣　墳墓の主体部　48／㈤　骨蔵器　49／㈥　墳墓の調査　51

九　墓標の調査……53
㈠　墓塔と供養塔　53／㈡　墓塔の調査　55／㈢　墓標の重要性　57／㈣　墓標の調査　58

十　主要文献案内……60
㈠　一　般　60／㈡　寺院跡関係　66／㈢　塔婆関係　69／㈣　仏像関係　72／㈤　仏具関係　74／㈥　経塚関係　75／㈦　墳墓・墓標関係　77／㈧　その他　79

Ⅱ　仏教考古学の構想

一　仏教考古学概論……81
㈠　仏教考古学の概念と本質　82／㈡　仏教考古学の対象資料　89
二　仏教考古学の歴史……96
三　釈迦の故郷を掘る……101
四　法華経と考古学……105
㈠　多宝山の夜明け　105／㈡　霊鷲山探求　108／㈢　王舎城の精舎　111／㈣　宝塔涌出　114／㈤　教化の範囲と考古学　117

Ⅲ　礼拝の対象

一　仏足跡信仰の流伝……121
㈠仏足跡信仰の濫觴　121／㈡仏足跡信仰の展開　123／㈢仏足跡信仰の拡大　124／㈣仏足跡信仰の流伝　126

二　仏足跡礼拝の様態……127
㈠仏足跡への信仰　127／㈡礼拝の諸相　128／㈢仏足跡の地域性　132／㈣礼拝の展開　138／㈤礼拝の型　141

三　「経塚」の概念……145
㈠「経塚」の慣用的認識　145／㈡「経塚」用語の濫觴と流布　147／㈢「経塚」の概念と字義　149

四　埋経の源流……154
㈠埋経の源流　154／㈡大城山出土の石製経箱と経典　156／㈢朝鮮半島における埋経　161

五　天徳四年の紀年銘瓦経をめぐる問題……164

六　仏像礼賛……172
㈠　白玉菩薩立像　172／㈡　押出仏　176
七　富士山信仰と考古学……179
八　富士山と仏教の考古学……183
㈠　信仰の対象と芸術の源泉　183／㈡　富士山信仰と考古学　184／㈢　噴火の体験から祈りへ　184／㈣　富士山頂に眠る膨大な埋経　185／㈤　本地垂迹の富士信仰　186／㈥　富士信仰を襲った廃仏毀釈　187／㈦　神仏習合を物語る「懸仏」　188／㈧　山頂の信仰遺跡と仏教　189／㈨　富士山を掘る　189／㈩　富士は神と仏の霊山　190

仏教と考古学　下◉目次

Ⅳ　伽藍の構成と瓦

一　古代インドの楕円形建物
二　平地方形区劃伽藍
三　阿蘭若処を伴う伽藍
四　初期伽藍の類型と僧地
五　「瓦」の名称

Ⅴ　塔婆と墓標

一　宝篋印塔の源流
二　板碑の名称と概念
三　板碑の出現と背景
四　板碑研究の回顧と展望
五　中山法華経寺の墓碑と墓塔

Ⅵ　儀礼の諸具

一　出土の仏像と仏具
二　出土仏具の世界
三　一括埋納の仏法具
四　梵鐘断章
五　梵鐘研究の近況

初出一覧／あとがき

Ⅰ　仏教考古学への招待

一　仏教史研究と考古学

文献史料にもとづく仏教史の研究は、仏教教理史の観点からの研究と比較するとき、研究者の立場によって同一の資料を用いながら、それの資料解釈自体が峻別されることが認められる。一方、教理史的な研究においては、研究の方法論のみの問題に止まらず、自己の信奉する教義面の無意識的な発揚として一種の恣意的な考察が結果的になされることがないとはいえない。もちろんかかる事例は、現在においては極めて稀であるにしても、かつてのいわゆる宗門史の研究においてはかなり見受けられたことである。

このような文献史料を用いての研究は、仏教史であれ、仏教教理史・宗門史であれ、さらにそれを敷衍すれば、文献史学的な研究は一定の限界をもっていることは明らかである。しかし、仏教のごとき形而上的な性格を内在する研究対象にあっては、まず第一に文献史料が重要視さるべきことは当然のことである。その反面、仏教史料は信仰というすぐれて人格的な一面をも具備しているものであり、そこに当然のことながら厳密な史料批判が要求されていることはいうまでもない。

仏教史の研究は、それぞれの宗祖・中興・高僧の研究をはじめとして、宗派の形成と展開を軸とし、さらに本山級寺院の盛衰と末寺とのかかわり方、そしてときの政治情勢あるいは信者階層との対応面に視点をおいて進められてきた。しかしながら、ともすればその場合に文献的な史料の研究が支配的であって、あたかも現在残存している多くの文献史料が仏教史の研究にとって唯一万能のごとき感が、研究者間に介在していたといってもよいであろう。それはとくに古代より中世にかけての研究にまま散見されることである。

最近における文献史学の研究には、中央史の偏重より地域史の重視へ、さらには地域史を通しての中央史へのアプローチへ、という傾向が認められるが、それは仏教史の研究においてもあてはまることである。いわゆる本山級寺院史の研究よりその末寺あるいは山間僻地にたたずむ小寺院史の調査へと研究の視点が拡大されてきている。それはすぐれて民衆と仏教信仰との接点を極めて明瞭にして具体的に解きほぐす一つの手段として注目さるべき動きであるといえるであろう。ただ研究の視点を現在的な欲求と研究者の意欲より定めえたとしても、文献史料の枯渇によっておのずから限界性を有しているという現実があり、ために当初の意図が途絶せざるをえない場合も少なくない。それは、いわゆる歴史の研究において文献史料が唯一無二の存在として認識される限りにおいてはたしかに研究の途がとざされることになるであろうが、それを打開する方策が考慮されなければならないであろう。文献史料が存在しないからといって歴史の研究が中断あるいは断念されなければならないということは決してないのである。それはとくに現在もそれぞれの地において多くの民衆の信仰を受容している寺院、そしてまたかつて同様な膾炙を受けていた廃寺の場合においても例外ではない。

歴史の史料として、文献史料と並んで物質資料が存在することは自明の理であるが、従来の歴史研究は、前者偏重の感があった。とくにそれは地域史の研究において発揮され、また偏見に満ちた時間的な問題を唯一の寄りどころとして後者の活用が蔑ろにされてきたといえよう。

物質資料を研究の対象としているのはいうまでもなく考古学である。この考古学そのものの性格については、考古学界の内部においてもいくつかの意見がある。一は、文献（文字）出現以前を主体的に目標とするという立場であり、この場合にはほぼ古墳時代までをその研究の範疇におく。二は、考古学本来の形成過程よりみて文献出現以前の研究は、先史学の研究領域に入るとし、奈良時代を中心とするいわゆる古典古代の時代以降に研究の中心をおくという立場。三は、時間の問題を超越して物質資料の研究にあたるとする立場である。考古学は、人類の歴史を研究する学問であるという認識にたつ限り、われわれは、第三の立場、すなわち文献史学の扱う全時代並びにそれ以前をも研究の対象として設定する必要がある。歴史は時の学問であるといわれる。時の学問としての性格をもつ考古学は、その限りにおいて時の観念を超越して過去の物質的資料を研究の対象とすることは当然のことであろう。

物質資料は、文献史料と異なり、時間的にも空間的にもそして階層差を超越して存在する。それは、埋没資料といわゆる伝世資料とよりなりたっている。それの残存状態は、埋没資料においては、多くの場合無機物を主体とするが、有機物の遺存も決して稀ではない。一方、一般に伝世資料といわれている資料（私は埋没資料に対して地上資料と呼びたいと考えている）にあっては有機物の比重がより多くなる。そこに物質資料の大きな特質があるといえよう。したがって、それらの物質資料は、文献史料のごとく「いつ・どこで・だれが・なにをしたか」といった歴史上の事柄を極めて勇弁に物語ることが不可能である反面、政治経済文化の実態をはじめ日常生活の残滓、信仰の痕跡をモノを通してわれわれに語りかけてくれる。

仏教史の研究において、物質的資料は形而下のモノとして位置づけられるが、そのモノ自体は信仰の具体的な結果としてつくられ、使用され、人びとに膾炙されたものである。それは、文献史料と融合しあって仏教信仰の動態の歴史を復原するうえに大いに役立つことは疑いない。一方、文献史料欠如の場合には、他の事例を参酌しつつ物質的資料を中心として法燈の展開実態を復原することが可能なのである。そこに、歴史研究にとって、とりわけ仏教史の研究において考古学的方法の重要性と有効性とがあらためて認識されなければならないであろう。

二　仏教考古学の資料

仏教考古学は、西欧における聖書考古学と並んで宗教考古学の代表的なジャンルを形成している。仏教考古学の研究は、インドにおいてイギリスの考古学者によって釈迦の遺跡探究より開始され、その後、調査は大乗仏教の東伝を追ってパキスタン・アフガニスタン・ソ連・中国・朝鮮そして日本に及び、一方、小乗仏教の南伝を追ってスリランカ・インドネシア・ベトナム・カンボジア・タイ・ビルマなどに研究の手がのびていった。その大部分は、イギリスをはじめフランス・ドイツ・イタリアなどヨーロッパの考古学者によって開拓されたが、現在においてはそれぞれの国の考古学者によって調査と研究が進められている。

わが国においては早くから仏教考古学の組織化が提唱され、一九三六年（昭和一一）よりあくる三七年にかけて『佛教考古學講座』全一五巻が出版された。その頃、インドなどにおいては個別の仏教寺院の調査あるいは仏教遺跡の地域的な一般調査が行なわれていたが、まだ組織化の動きは認められなかった。このような意味においてこの講座の出版は、極めて先駆的なものであったといえるであろう。その後、東京考古學會では『佛教考古學論叢』（考古學評論三、一九四一）を出版し、そのほかにも仏教考古学を冠した書の刊行も認められる。このようにわが国において早く仏教考古学の研究が組織化されたことは、それの対象が空間的にたとえ日本を中心として形成されたものであるにしても注目さるべきことである。その原動力となったのは石田茂作その人であった。『佛教考古學講座』の編輯顧問には考古学者として柴田常惠の名があるが、実際の項目・執筆者の選定にあたっては柴田を助けた石田の力が大いにあったといわれている。その石田は四〇余年を経て『新版仏教考古学講座』全七巻の監修者として、それぞれの各巻に巻頭論文を執筆して、新たなる構想を盛り込んで組織化を推進した。

さて、その石田は、仏教関係の「遺物遺跡には、大なり小なり過去の仏教活動の薫臭があるはずである。それを絞り出し、その無声の声を聞くことが仏教考古学」であると述べたことがある。これはまさに仏教考古学の存在理由を示した至言であり、われわれはこの言葉をよく玩味し、今後における発展に資することが必要であろう。

このような立場にたてば、仏教関係のあらゆる物質的資料が研究の対象になることが明らかであり、それは埋没資料・地上（伝世）資料を問わず、仏教史の研究にあたり文献史料と並んで等価値資料として位置づけられなければならないであろう。

仏教関係の資料と一口に表現してもそれにはさまざまなものが含まれている。それを大別した案が石田によって整理されているので次にそれを紹介しておきたい。

仏像　金仏（金・銀・鉄）・木仏（一木・寄木）・石仏・塑像・乾漆仏（脱乾漆・木心乾漆）・瓦仏・塼仏・押出仏・仏画（絹本・紙本・壁画・板絵）・織成仏・繡仏・印仏・摺仏……
　　如来像・菩薩像・天部像・明王像・祖師像・垂迹像・曼荼羅・光明本尊・涅槃図……
　　名号（六字・九字・十字）・題目（一遍主題・十界互具）……

経典　写経（紙本墨書・紙本血書・装飾経・紫紙金字・紺紙銀字・色紙経・反古紙経・一字一塔経・一字蓮台経）
　　版経（宋版・元版・高麗版・春日版・高野版・五山版・古活字版）
　　繡経・瓦経・滑石経・銅板経・柿経・一字一石経・細字経文塔婆・細字経文仏画・経絵・経塚……

仏具　（梵音具）梵鐘・鰐口・雲版・打版・磬・引磬子・鉦・伏鉦・木鉦・法螺・木魚・大鼓・団扇大鼓・槌砧・鐃・鈸子……
　　（荘厳具）天蓋・花鬘・幡・幢幡・戸張・水引・前机・脇机・礼盤・打敷・曲彔・厨子・仏壇……

（供養具）香炉・柄香炉・常香盤・香印座・花瓶・花籠・常花・燈明台・竿燈炉・釣燈炉・仏飯器・常仏餉……

（密教具）花瓶・火舎・六器・鈴・杵・橛・輪宝・金錍・灑水器・塗香器・大垣・護摩垣……

（僧具）袈裟・横被・法衣・座具・帽子・笈・念珠・持念珠・錫杖・麈尾・払子・柱杖……

仏塔　三重塔・五重塔・十三重塔・宝珠塔・多宝塔・宝塔・宝篋印塔・五輪塔・無縫塔・碑伝・板碑・雲首塔……

木造塔・銅塔・鉄塔・石塔・泥塔・瓦塔・籾塔・印塔……

寺院（伽藍配置）飛鳥寺式伽藍・四天王寺式伽藍・法隆寺式伽藍・法起寺式伽藍・薬師寺式伽藍・東大寺式伽藍・山岳伽藍・臨池伽藍・禅宗伽藍・浄土宗伽藍・日蓮宗伽藍……

（堂舎）金堂・講堂・門・廻廊・僧房・鐘楼・経蔵・本堂・禅堂・庫裡・法堂・大雄殿・鎮守堂……

（建築部分）瓦・礎石・塔心礎・基壇……

（その他）寺印・扁額・納札・絵馬・拝石・結界石・標石・町石……

以上の「五本の柱」に対して、私はさらにいま一本の柱として〝墳墓〟を加えることを提唱したことがあるが、さすればその内容は、

墳墓　火葬場・墓地・墓碑・墓誌・墳墓堂……

骨蔵器（塔形・定形・転用）……

副葬品類……

となる。

このような諸資料は、埋没資料として廃寺跡・経塚・墳墓などのごとく発掘調査によってそれを顕現すべきものもある反面、地上（伝世）資料として仏像・仏具・仏塔・墓碑などのごときものもある。これらの資料中には、たとえ

ば、仏像・仏具・塔婆などのごとく紀年銘がそれに認められるものもあり、時の断面をモノ自体の形態とともに明確に示しているものもある。そこにはいわゆる歴史時代の考古学の妙味が発揮される可能性を充分に包含しているものということができよう。

これらの資料は、従来そして現在においても同様であるが、建築史・美術史・金工史などの各分野においても研究が進められている。しかしながら、それらの研究の対象資料は、それぞれの研究者の主観的な判断によって取捨選択され、あるいは時間的な尺度によって研究の対象より除外される傾向にある。たとえば、美術史の研究にあってとくに仏像の研究は、古い資料と、より美的観念の高いものが対象資料として選ばれるが、考古学的視点にたつ限りかかる峻別はまったく無用である。古い資料とは相対的な意味における時差概念の認識の相異にすぎず、美的観念の高いものとは研究者の単なる主観的な判断に止まるにすぎないものである。

以上のごとく見てくると、われわれが仏教考古学の立場より研究の対象とすべき資料は、極めて豊富であると同時にあらゆる地域の寺院などに残存しているということができるであろう。

すなわち、資料の時間的・地域的・階層的な普遍性を把握することができるのである。

日本の歴史は、中央史であれ地域史であれ、仏教信仰の展開と密接に関係して発達してきた。そこで仏教信仰の実態解明は、日本歴史研究の側面ともなり、またある場合にはその中心的役割を果たすことになる。

したがって、仏教史の解明は日本歴史の流れのなかにおいて極めて重要な位置を占めることが明らかである。その仏教信仰の歴史を文献史料のみによらず、物質的資料をも加味して研究を進めるとき、そこには従来とは異なった仏教史観が醸成されるであろう。

それはとくに地域における歴史の流れを把握するとき、古文書などの文献史料の検討とあいまって新しい分野の開拓が可能となるはずである。

三　資料の調査とその活用

仏教考古学の資料は、埋没資料と地上（伝世）資料とに大別される。一般に考古学の資料といえば埋没資料が連想されるが、それはわが国における考古学の性格を端的に示している。すなわち、考古学の対象資料は、発掘によって顕現されたものである、との認識が広範に普及していることにほかならない。したがって、縄文時代あるいは古墳時代と同じく、考古学的な立場で物質資料を扱うという観点よりすれば、たしかにいわゆる歴史時代の場合においても対象資料は埋没資料に限定されることになる。

しかしながら、歴史の資料は、文献史料と物質資料とが根幹をなしている、というわれわれの主張よりすれば、いわゆる歴史時代における仏教考古学の資料は、埋没資料のみに限定されるということにはならない。

そこで埋没資料と並んで地上資料の資料的等価値観が評価されることになる。それはあたかも歴史の研究において、文献史料と物質資料が等価値資料として位置づけられる、とすでに述べたことと同じように考える必要性があるといえるであろう。

このように考えてくると、仏教考古学の資料は、埋没資料と地上資料とより構成されることが知られる。そして、それらの資料は、存在の状態によっていずれかに区別されることになるであろう。したがって、同一の形態と性格をもつ資料にあっても、埋没資料の場合もあり、地上資料として認識されることもある。

埋没資料とは、いうまでもなく地下になんらかの理由によって自然的あるいは人為的に埋没されたものであるが、それに対して地上資料とは、仏像・仏具・経典などが社寺などに伝えられたものを指している。これらは、たしかに一種の伝世品として考えられるものであるが、仏塔などをも包括して伝世資料と表現することには抵抗感があるのを否定しえない。それは、考古学で一般に伝世品と称されるものについて、いわゆる古墳時代の伝世鏡あるいは平安時代以降の和鏡などのごとき特殊なものを除いてみると、藤田亮策は「社寺などに伝え来ったもの」（『日本考古学辞典』）とし、また、小林行雄は「正倉院宝物や法隆寺献納物のように一度も地中に埋められずに現在にいたったもの」（『図解考古学辞典』）と説明していることによっても明らかなように、それはあくまで狭義の遺物類を意味しているからである。

そこで、埋没資料に対して伝世資料と汎称されている資料を一括して地上資料として把握することを提唱したいと思う。

さて、埋没資料と地上資料とは、存在の状態によって識別されることが一般的な傾向であるが、それの区別は必ずしも容易ではない。たとえば、墓地あるいは路傍に見られる板碑（板石塔婆）は、地中より発掘された板碑と同一資料として扱われるが、このような場合、後者は埋没資料、前者は地上資料としての観点より把握される。しかし、それは現時点における認定によるものであり、地上の板碑は、かつては埋没資料であったことも考えられ、また、それとは逆に埋没資料として把握された板碑が、ごく最近まで地上資料であった可能性もある。

このような一つの例よりも窺われるように、仏教考古学で対象とする資料は、埋没資料と地上資料とが認められはするが、これはあくまで便宜的に現象面より規定されるものであり、究極的には物質資料を研究の資料とすべきものである、ということになるわけである。

このような物質資料にもとづいて仏教信仰の歴史的展開の過程に関する研究を進めるとき、当然のことながら、文献史料の存在を等閑視することはできない。

ここで一つの例として寺院史研究の場合をとりあげて、かかる点について瞥見してみることにしたい。

ある寺院の創建展開の実態は、その寺院に関する直接的な縁起類・資財帳・過去帳などの文献史料の存在が認められれば、かなりの成果を期待することができる（A）。しかし、それら文献史料が失なわれている寺院の場合は、その法燈の展開について、本末関係寺院の文献史料などによる間接的な研究の方法がとられよう（B）。さらに、それらがまったく認められない場合（C）には、その寺院における物質資料の活用がなされなければならないであろう。

このように一般的に寺院史の研究を試みるとき文献史料の存否の実態によって、A・B・Cの三つの場合が想定される。よって、文献史料に研究の主眼をおくかぎり、Aの場合には、寺院史研究の方法としてもっとも一般的なものであり、寺院史の構成がある程度可能であるが、それに対して、Cの場合には、それの究明は不可能となる。またBの場合にあっては、間接的資料の活用によって、それの輪郭の大綱を把握できる場合もあるが、Aに比較して極めて不充分とならざるをえない。

一方、物質資料によって寺院史の研究を試みる場合には、以上のごとき視点とは異なる研究の方法が意図されることになる。この場合、寺院のあり方と時代によって、それの方法は一様ではないが、基本的には、物質資料を主とし、文献史料存在の場合には、それを従とする方法がとられる。寺院のあり方とは、対象寺院がいまに法燈を伝えているのか否か、換言すれば、現に信仰の対象としてその寺院が存在しているか、あるいはまた廃寺と化しているかどうか、ということであり、それは必ずしも時間差にとらわれることはない。すなわち、埋没資料のみの寺院であるのか、埋没資料・地上資料をともに有する寺院であるのか、あるいは地上資料のみの寺院であるのか、という点の認識によって調査と研究の方法が考慮されてくるのである。

文献史料がかなり豊富に遺存している寺院史の研究は、それのみによる史的研究も可能であるが、その場合においても物質資料の活用が試みられなければならない。対象寺院の創建が古代であれ、あるいは中・近世であれ、いずれにあっても、本尊が安置されていることは当然のことである。さらに本尊以外の諸仏像も認められるわけであるから、このような仏像の調査が必要不可欠となる。仏像の研究は主として美術史的な観点より行なわれており、とかくより古いもの、作者の明らかなもの、美的観念の高いものに視点がおかれてきたが、今後における研究の視点はそれらを超越してなされなければならないであろう。それは、美術史の立場よりする調査とはおのずから異なり、あくまで物質的な資料としての観点より意味づけがなされなければならない。もちろんそれらの様式的研究を等閑視することはできないが、たとえ作者が無名であっても、美的観念において主観的に劣るものであっても、そして新しい時代の作であっても、そこには資料として価値観に変動があるはずがない。それよりもその仏像が本尊として、また脇尊としてその寺院の歴史のうえにおいて果たしてきた役割の認識が重要なのである。仏像には、胎内あるいは台座にそして光背に造像の由緒が銘記されていることもある。その銘記は造像当初のものであるか否かという検討を経たうえで寺史究明の端緒となりうる場合が決して少なくない。同時に、あらゆる仏具類の調査が必要となるであろう。時代と宗派によってそれのあり方が異なるが、仏具の研究は、梵鐘・鰐口・雲版などの梵音具、幡（とくに金銅製）などの荘厳具、香炉などの供養具、密教法具類、袈裟・法衣などの僧具については、ある程度の調査も進み、それらの研究成果の一部も公けにされている。しかし、すでに石田によって整理された仏教資料の一覧と比較すれば、それらの研究がごく一部であることが明らかとなろう。また経典類の調査、屋内安置の小仏塔類の調査も極めて重要性をおびてくる。さらに位牌の調査も必要である。これらの諸資料と並んで見逃すことのできないのは、石造塔婆そして墓碑を中心とするいわゆる石造美術品の調査である。従来、これらの調査は個別的な研究が進み、層塔・宝篋印塔・五輪塔・宝塔・板碑・無縫塔などについてはまとまった研究成果も公けにされてきているが、特定の寺史究明の資料として諸種の塔婆・墓標・墓碑などを一括してそれらの歴史的位置づけが果たされてきた例は極めて少ない。

　以上のごとき若干の物質資料の調査は、文献史料の遺存する寺院史研究の場合においても試みるべきものであり、一方、文献史料の僅少あるいは皆無のときには、法燈の歴史究明の大きなよりどころとなることは疑いないところである。仏具のごときは什物として永く伝世されてきたものであるが、破損あるいは新規の寄進がなされたときには、往々にして須弥壇などのなかに格納され、現在には忘失されていることも多い。かかる可能性をも考慮して調査にあたることが肝要である。

　これらの調査にあたっては、本尊はもちろんのこと多くの仏像・経典・位牌などは、すべて信仰の対象として歴代の住僧をはじめ永く信徒によって膾炙されてきたものである。調査がたとえその寺史の究明を目的とするにしても、そこにはおのずから敬虔な態度が求められることは当然のことである。

　このように見てくると、物質資料は、その寺院に残されているすべてのものを対象として調査が実施されることが要求されてくるであろう。それは、ある場合には文献史料と対比して、また、あるときは独自の観点より資料調査を試みることが可能であることを示している。それにしても、仏教考古学としての立場よりこれら一連の物質資料の調査と研究を推進する場合においては、仏教そのものの理解をはじめ、各宗派の教理史を一通り学んでおくことが必要であることはいうまでもない。それは、さらに、金石文に対する造詣と古文書についての素養が必要である。しかし、一人でよくこれらに通じることは至難のことである。そこにおいて文献史学者・仏教学者との共同調査の体制確立が考えられることになるであろう。

　従来における寺院史の研究は、南都七大寺をはじめとする古代における著名寺院、中世においては特別の信仰対象として広く信徒の膾炙をえた特定寺院あるいは本山級寺院を除けば、極めて不充分である。全国に無数に存在する寺院、そして今ではわずかに伝承によってのみ存在を知るにすぎない廃寺の調査は、未開拓と称しても過言ではない。

　古代における廃寺跡の場合にあっては、瓦の出土、あるいは礎石・土壇の存在によって、考古学的な研究の端緒が伝統的にあたえられてきたが、中世以降における廃寺跡の調査例はまことに寂寂たるものがある。このような現状は、遺跡と遺物の調査を身上とする考古学において、研究対象の偏向性を指摘してことたりるということではなく、実はわが国における考古学そのものの存在意識と深くかかわっていることなのである。この点については、すでに触れたように、時間の問題を超越して物質資料を研究の対象とする、という認識に立つかぎり、ここでは仏教関係の物質的資料を素材として以上のごとき調査を積極的に推進することが必要である。そこにおいて、はじめて仏教考古学の有効性が発揮されることになるであろうと考えられる。

四　寺院の調査

(一)　伽藍の意味

寺院は仏教伽藍の別称である。伽藍はSaṃghārāma＝僧伽藍摩の略で、古代インドにおけるそれの遡源は、雨安居の折のāvāsa＝住処、と歓喜をあたえる所の意味をもつ楽園ārāma＝園であった。このāvāsaとārāmaは個人を中心とする一時的な生活空間として設定されていたものであるが、しだいにそれを核として法論・集会の場へと発展し、「僧園」としての機能を有するものへと変化していった。一方、巴利の律をみると、房舎臥具などを規定した『臥坐具犍度』のなかに五種房舎に関する記載があり、精舎・半覆屋・殿楼・楼房・地窟の存在が知られる。精舎（Vihāra）はāvāsaに房が付加されたものであり、地窟（guha）は自然洞窟を利用したもので、後世になって塔・房・会堂が加わるにいたる。このように僧園に種々の施設が出現したときそれは「僧院」としての性格をもつようになり、出家者の定住的修行の場が確保されるにいたった。すなわち仏教伽藍の形成である。そこには仏塔を中心とする僧院などが造営され、伽藍が整備されていった。中国においては、後漢代に仏像を安置した建物はBuddhaを「祠」「浮屠之仁祠」と称し、後に「祠」が「寺」に転化した。浮屠の音写であるが、寺は本来官署名あるいは獄舎を指すものであった。すなわち寺とは外郭に囲まれた中庭が設けられている空間を意味していたもので、仏教伽藍の平面構造もこれと等しいものであったことにより、仏寺の称呼が一般化していった。なお、朝鮮においては、仏教伽藍をチュナール（てら）という。わが国における仏教信仰の移入と、それの定着的結果の反映の場としての伽藍の形成についての理解にあたり、以上のごとき本来的仏教伽藍の性格とそれら名称の流伝を考慮しておくことが肝要である。

(二)　寺院の配置

伽藍は、立地と空間的なあり方、そして構成堂宇の配置の仕方によっていくつかの型に分類することができる。立地の条件において類型化すれば、平地・石窟・山地の三類がある。インド・パキスタン・アフガニスタン・西域など南アジアより中央アジアにかけては、平地・石窟・山地の三類型が認められ、それぞれ時代と地域によって特色ある発達をなしている。中国の官署「寺」は、宮殿と同じく平坦地に南面する方形区劃地を設け、そのなかに左右均正に建物を配していたものであったが、中国における初期仏教伽藍もそれに倣って形成されていたことが推察され、さらにそれとともに石窟寺の造営もなされていた。また、朝鮮半島の三国時代においては平地方形区劃伽藍が発達していたが、石窟寺の顕著な造営は認められていない。

わが国における初期的な仏教伽藍は、平地方形区劃内に堂宇を一定の規範にもとづいて配置する方式が採用された。かかる傾向は、飛鳥時代より奈良時代にかけて一般的であり、平安時代に入って出現した山岳伽藍とともに長く後世にまで伝えられている。しかしその間に大陸の影響によって形成された各宗派によって新たなる伽藍式が移入され、またいわゆる鎌倉新仏教の興隆に伴なって複雑な伽藍式をも出現せしめ、一方、わが国独自の方式も考案されるにいたった。

伽藍配置の調査研究に際して、まず試みられなければならないことは、寺地の確定である。方形区劃という規格化された寺院の場合には、それの寺地の空間認定を果たすことより着手し、しかる後に伽藍の構成について考慮すべきであろう。従来の調査は、とかく中心堂宇にのみ主眼が注がれ、それの検出と規模の確認に終始していた傾向があるが、それは速やかに改められなければならない。中心堂宇の検出はその伽藍の中枢部分の認識にとって不可欠ではあるが、寺地の確認もそれとともに極めて重要である。寺地を劃する施設には、築地・溝・土塁などの存在が考えられ、現地の観察と小字・俗称の聞きとり、そしてそれに立脚した発掘調査を実施することによってその確認がなされるであろう。

さて、伽藍の類型について石田茂作は、一六の類型を設定した（図1）。一　飛鳥寺式、二　四天王寺式、三　法隆寺式、四　法起寺式、五　薬師寺式、六　東大寺式、七　山岳寺院（天台宗）、八　山岳寺院（真言宗）、九　山岳寺院（修験道）、一〇　寝殿造式、一一　禅宗寺院、一二　浄土系寺院、一三　日蓮宗寺院、一四　林泉寺院、一五　城郭寺院、一六　檀越寺院、がそれである（「伽藍配置の研究」『新版仏教考古学講座』二、雄山閣刊）。これらの伽藍配置のなかで一～六については、多くの研究者によって種々な意見が提出され、名称それ自体についても異なる提唱がなされているので、必ずしも学界で一致をみているとはいえないが、一つの設定基準として理解することはできるであろう。

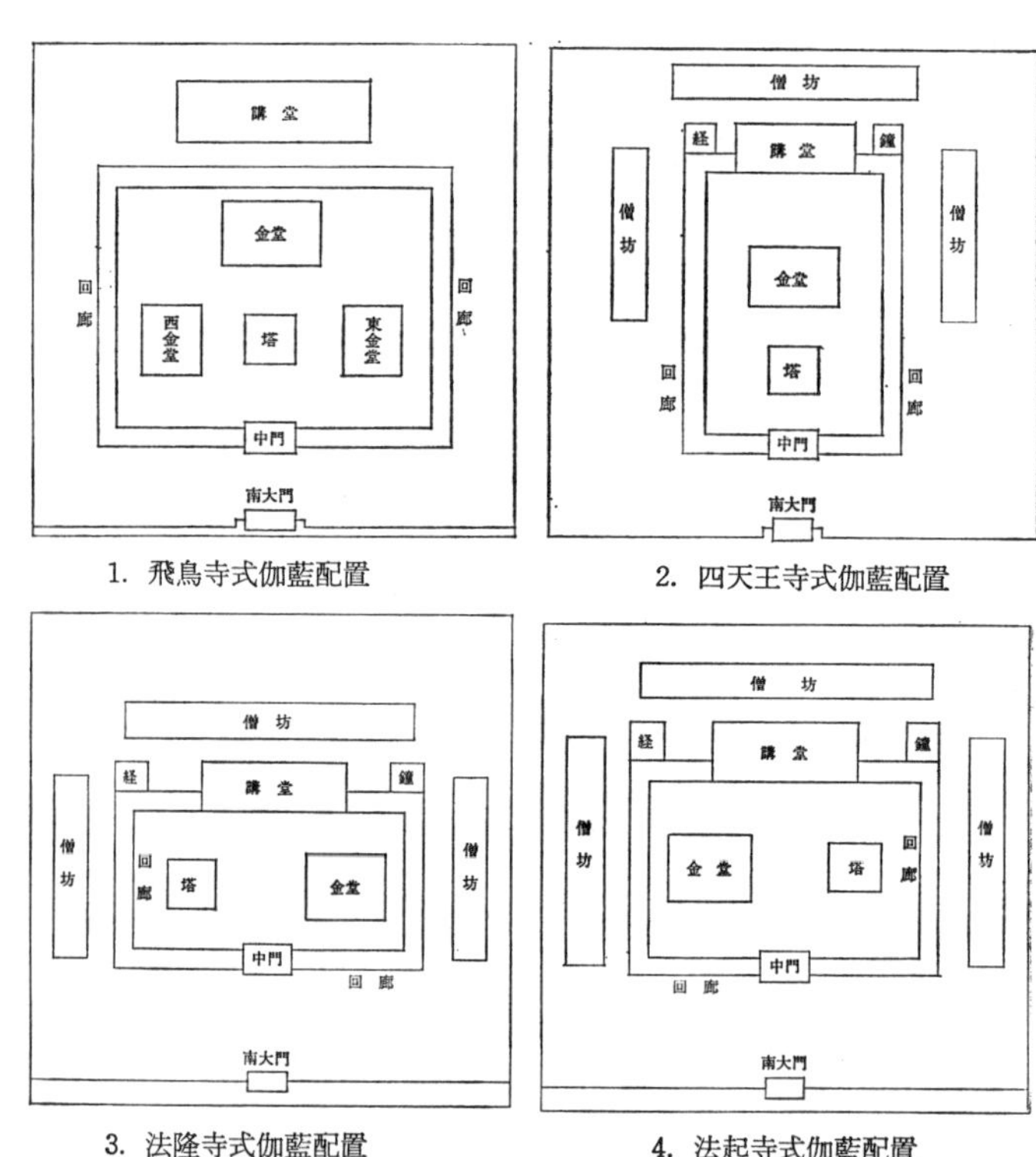

1. 飛鳥寺式伽藍配置

2. 四天王寺式伽藍配置

3. 法隆寺式伽藍配置

4. 法起寺式伽藍配置

図１　伽藍配置図（『新版仏教考古学講座』２より）

この問題については、最近、建築史の村田治郎・大岡実・浅野清・鈴木嘉吉、考古学の立場より斎藤忠・藤澤一夫・網干善教などよりそれぞれ意見が開陳され、独自な伽藍配置論が展開されている。

今後における研究は、石田提唱の伽藍配置類型論の検証を具体的資料の集積と分析にもとづいて個別に試みる必要がある。私見では大勢としては石田案に追従することによっていちおうの展開過程の把握が可能だと思うが、これらの類型に該当しない資料が各地において検出されている。そこで規格化された配置のほかに独自な伽藍配置の存在を考えなければならないであろう。たとえば、木造塔婆をもたない伽藍、単宇仏堂あるいは単宇多角仏堂より構成される小規模伽藍などの存在がそれである。従来の伽藍研究がとかく定型化された配置、規格性をもつ伽藍に視点がおかれてきたが、このような既成概念ですべて

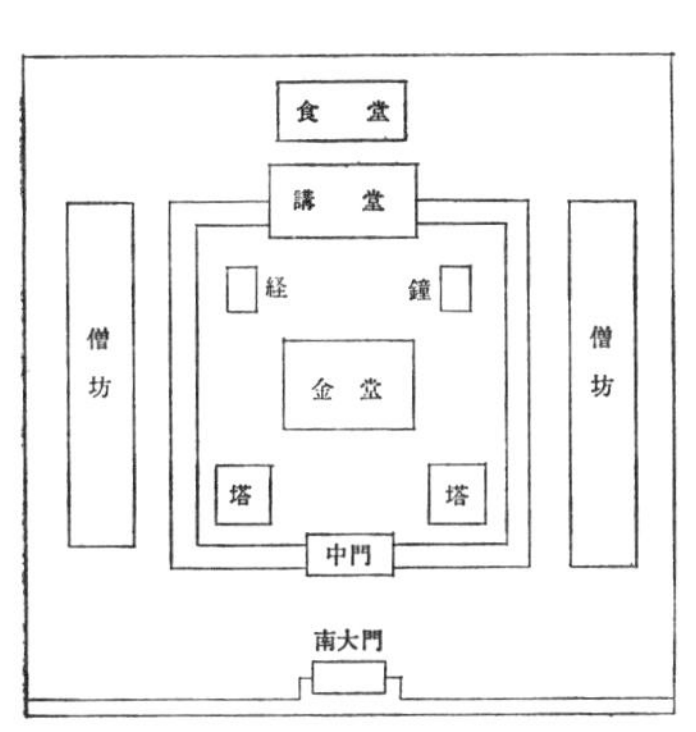

5. 薬師寺式伽藍配置

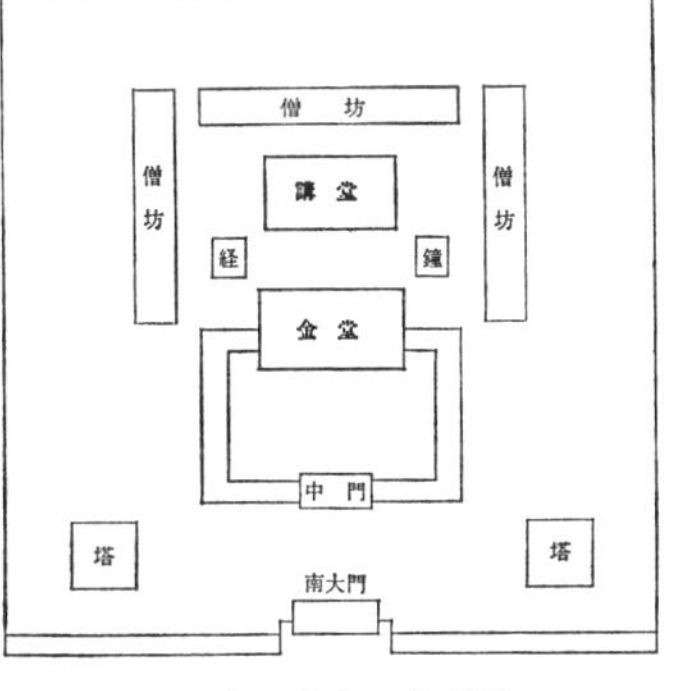

6. 東大寺式伽藍配置

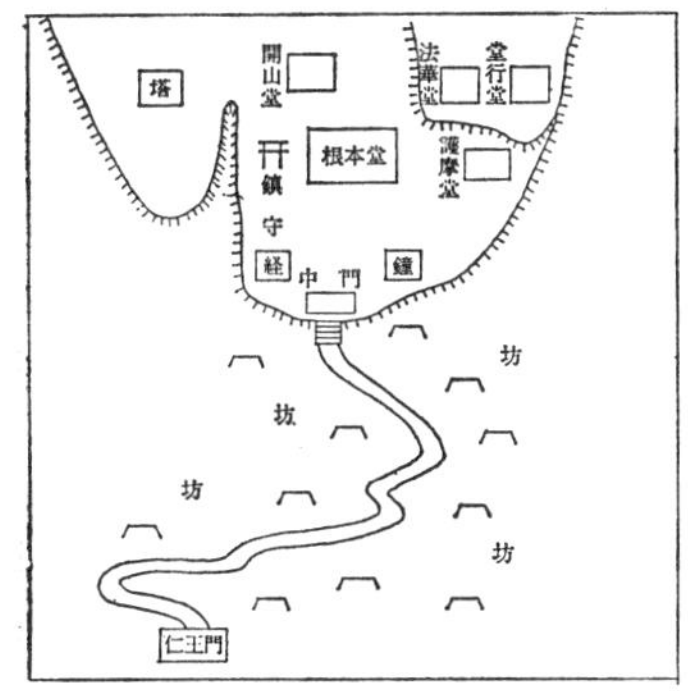

7. 山岳寺院(天台宗)伽藍配置

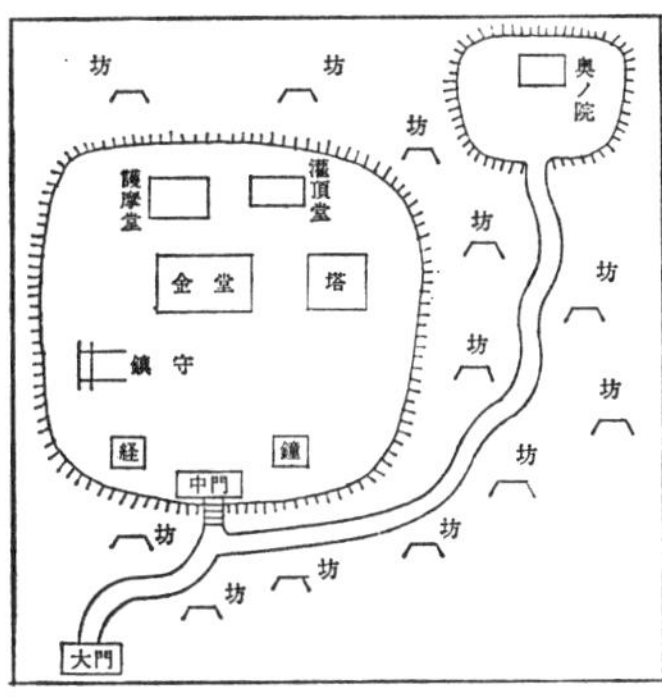

8. 山岳寺院(真言宗)伽藍配置

の伽藍を律することの不可能な遺例も決して少なくない。

　古代における典型的な伽藍には、その構成堂宇として、金堂・講堂・塔婆・門・廻廊・鐘楼・経蔵・房（坊）の存在が多く検出されているが、そのほか食堂をはじめ浴室・修理所・倉庫などの実態究明も重要であり、今後この種の遺構の追究が意識的になされなければならない。また、中世における禅宗伽藍の場合、七堂として山門・仏殿・法堂・庫裡・僧堂・浴室・東司があり、ほかに土地堂・祖師堂・方丈・衆寮並諸寮舎・惣門・脇門・鐘楼・鼓楼・輪蔵・宝塔・月壇・雨打・明楼・廊下・延寿堂などの存在が知られる（一条兼良『尺素往来』）。しかし、禅宗の場合、必ずしも同一の堂宇構成をもっているわけではなく、宗派による異同が認められていることも注意しておかなければならない。

　これらの伽藍配置については、廃寺の場合

9. 山岳寺院（修験道）伽藍配置

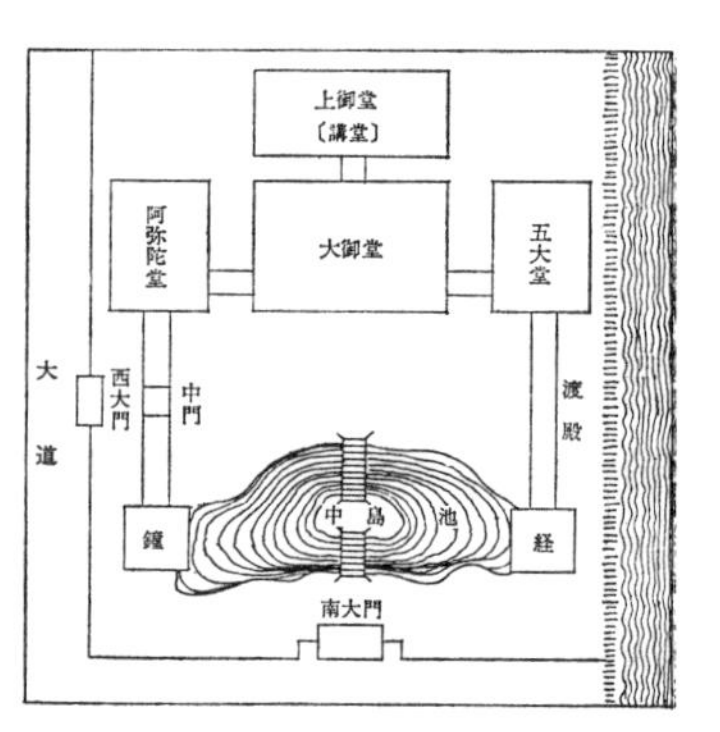

10. 寝殿造式伽藍配置

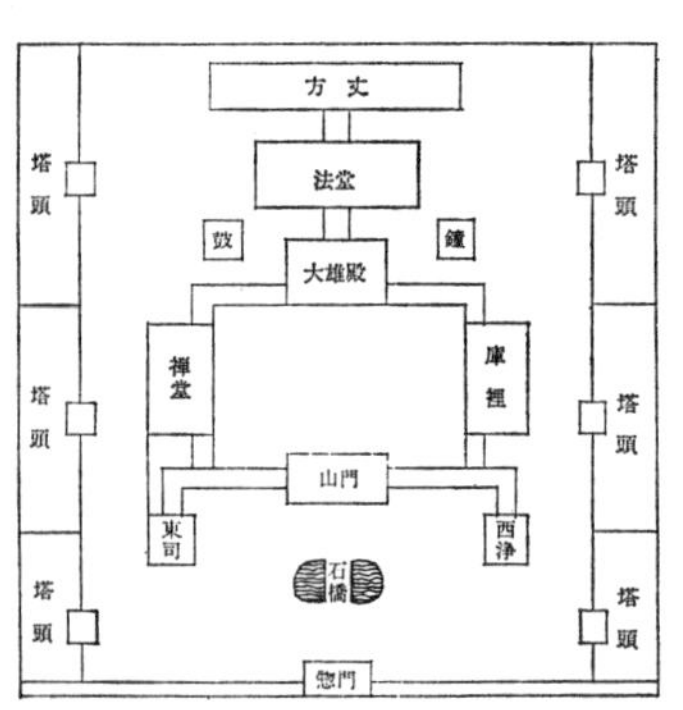

11. 禅宗寺院伽藍配置

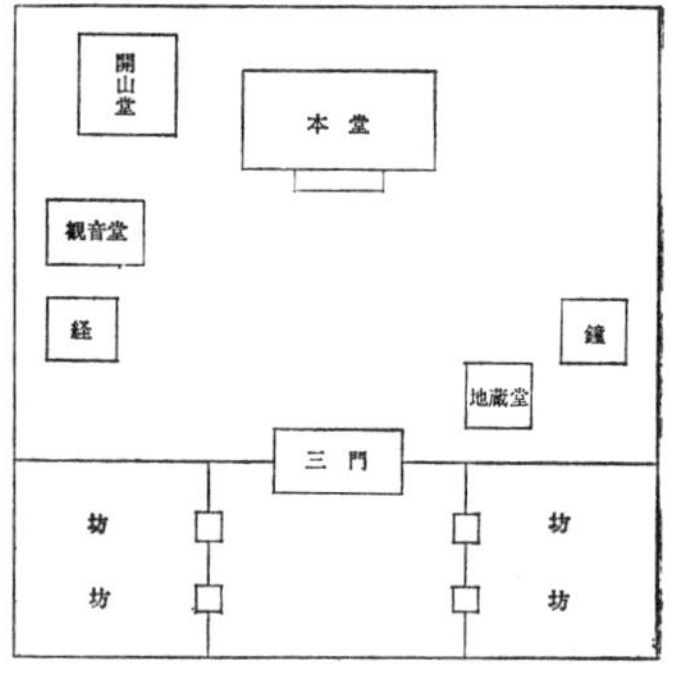

12. 浄土系寺院伽藍配置

には地表観察および発掘調査によってその実態を明らかにすることが可能であるが、法燈を今に伝えている寺院にあっても現存堂宇それ自体がすべて同一の時点に建立されたものであるか否かという点の検討がなされなければならない。その場合、堂宇のほか伽藍絵図・縁起・資財帳、そして仏像・仏具など文献史料と物質（地上）資料を充分に活用し、さらにできうれば周辺の発掘を試みて遺構と出土遺物などの埋没資料とあわせ考察を試みることが必要であろう。

要は、立地と寺地の空間的把握、そして伽藍の配置の実態を究めることによってこそ、その寺院の本来的なあり方――造営の背景を構成諸堂宇の性格認識にもとづいて考えることが可能になってくるのである。

㈢　寺院跡の調査

寺院跡の調査法には大別して二つの方法が

13. 日蓮宗寺院伽藍配置

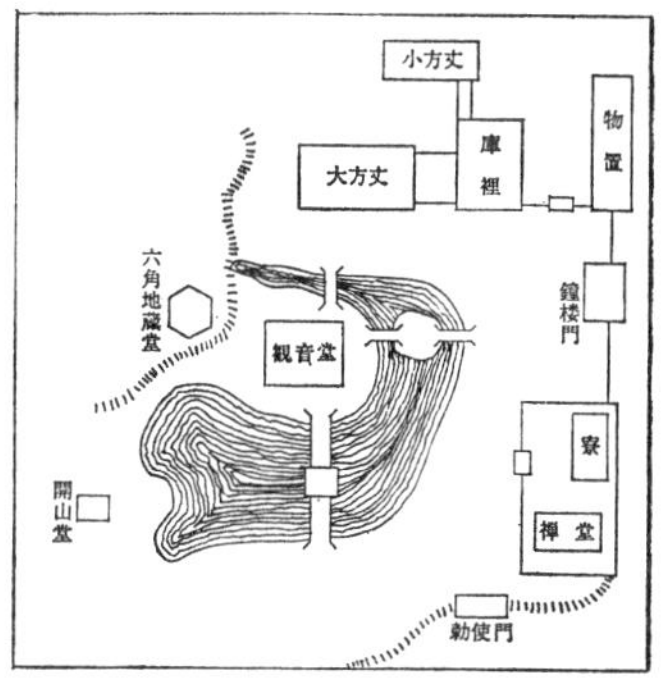

14. 林泉寺院伽藍配置

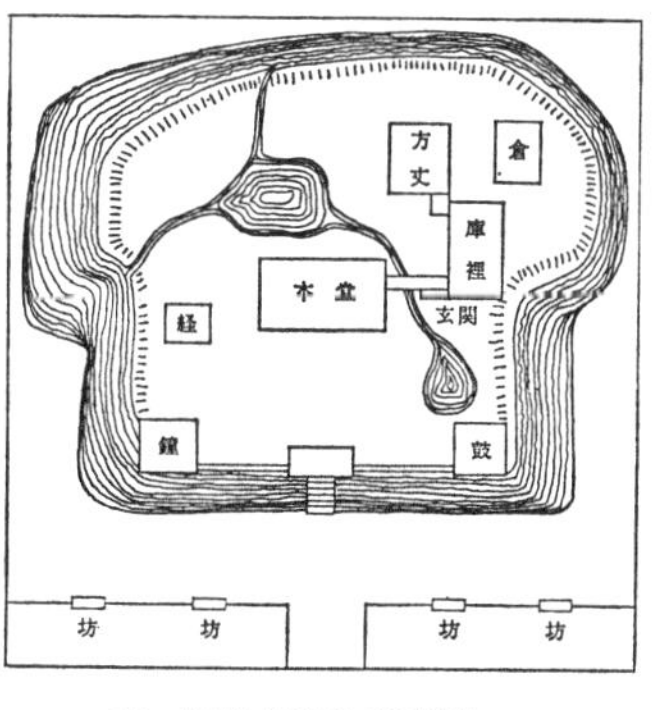

15. 城郭寺院伽藍配置

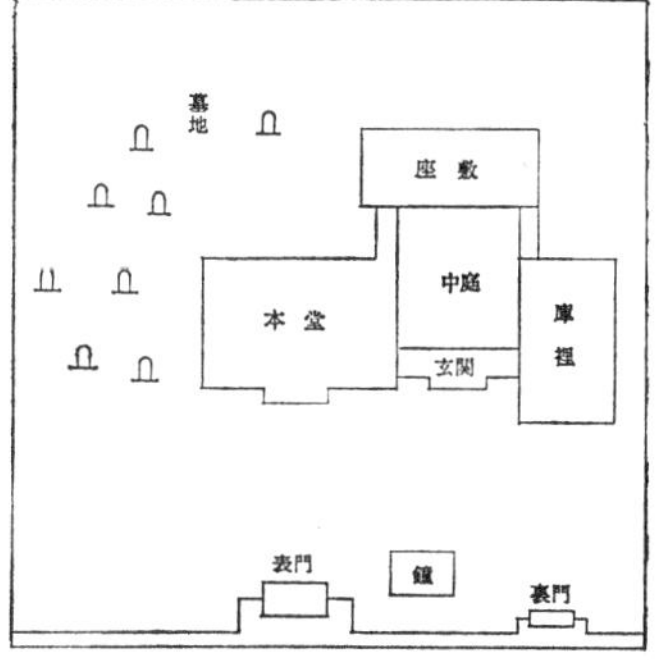

16. 檀越寺院伽藍配置

ある。かつて藤澤一夫はこれを表面的現状調査・発掘的現状調査と呼んだことがある（『日本考古学講座』一）。前者の方法は発掘を伴なわぬ地表上よりの観察にもとづく調査であり、土壇・礎石などの表面調査、瓦など遺物類の散布状態の把握、字名および俗称名の調査などに主眼をおくものである。このような調査の代表的な業績として石田『飛鳥時代寺院址の研究』（一九三六）があり、同じ方法を地域的に試みたものとして保井芳太郎『大和上代寺院志』（一九三二）、鎌谷木三次『播磨上代寺院址の研究』（一九四二）がある。また、堀井三友『国分寺址之研究』（一九五六）は全国の国分二寺跡を踏査し、その時点における現状の表面的調査結果を記録されたものとして貴重である。このような表面的現状調査は、現在、都道府県単位で実施されている遺跡地名表の作成に際して遺跡台帳によって記録化が進んでいる。次に参考までに私が用いている寺院跡カードの一例を紹介しておきたい（図2）。

この方法による調査は、寺院跡の研究を意図するにあたり、もっとも基礎的なものであるが、それはあくまで一つの目安にすぎない。表面的現状調査によってその伽藍配置を論ずることが極めて危険であることは、すでに飛鳥寺の伽藍配置、法隆寺における創建講堂の位置、橘寺の伽藍配置、信濃国分僧寺における想定金堂土壇の問題などに関して検証されており、その方法の限界を示した例として知られている。すなわち、飛鳥寺は、かつて法起寺式あるいは法隆寺式の配置を有するものと考えられてきたが、一九五六〜五八年の発掘によって予想だにされなかった一塔三金堂を具備する飛鳥寺式配置であることが明らかにされた。また、古来、法隆寺の創建時講堂の位置について復原案が示されていたが、一九四八年の発掘によってそれが廻廊に接続しないことが知られた。さらに、橘寺については、東面四天王寺式と南面法起寺式の二説があったが、一九五三年に実施された発掘によって前説が証明されるにいたった。信濃国分僧寺については、僧寺跡に残されていた一土壇をもって金堂跡と想定されていたが、一九六三年の発掘によってその南方より地中に隠されていた一土壇（金堂）が検出され、推定金堂跡土壇は講堂跡土壇であることが確認された。しかし表面的現状調査は、寺院跡研究の第一歩であり、寺院跡の発掘作業にあたって必要不可欠な前提的

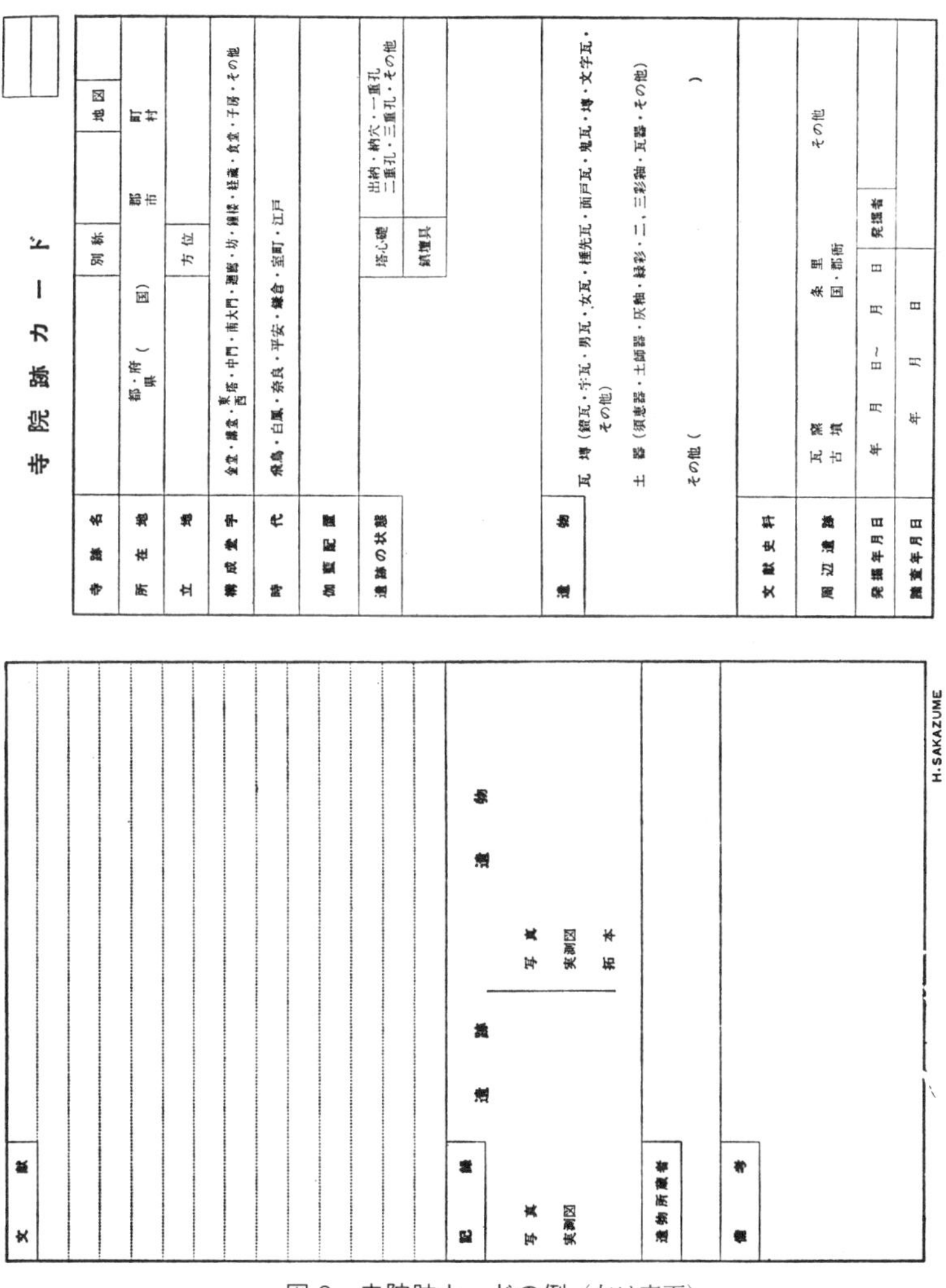

寺院跡カード

寺跡名		別称		地図	
所在地	都・府 県（　国）　郡 市　町 村				
立地		方位			
構成堂宇	金堂・講堂・東 西塔・中門・南大門・廻廊・坊・鐘楼・経蔵・食堂・子房・その他				
時代	飛鳥・白鳳・奈良・平安・鎌倉・室町・江戸				
伽藍配置					
遺跡の状態		塔心礎	出納・納穴・一重孔 二重孔・三重孔・その他		
		鎮壇具			
遺物	瓦塼（鐙瓦・宇瓦・男瓦・女瓦・棰先瓦・面戸瓦・鬼瓦・塼・文字瓦・その他） 土器（須恵器・土師器・灰釉・緑彩・二、三彩釉・瓦器・その他） その他（　　）				
文献史料					
周辺遺跡	瓦窯　古墳　条里　国・郡衙　その他				
発掘年月日	年　月　日～　月　日	発掘者			
踏査年月日	年　月　日				

文献	
記録	遺跡：写真、実測図　／　遺物：写真、実測図、拓本
遺物所蔵者	
備考	

H.SAKAZUME

図２　寺院跡カードの例（左は裏面）

調査の方法として評価されなければならない。

中世寺院跡の場合にあっても同様である。栃木県足利市平石より陽刻銘「智光寺文永二年三月」瓦の出土が知られ、その地が『岩渓山長松寺由緒書』などに見える足利泰氏（一二一六～一二七〇）建立の智光寺跡であると想定されてきた。一九六四・六五年にその地の発掘が実施された結果、寝殿造式配置を有することが明らかにされた。この調査にあたった前沢輝政は、発掘着手の以前に聞き込みによって瓦の出土場所を究めたのをはじめ、智光寺の建立と変遷を古記録より求め切絵図（一八七六）を参照し、そして遺跡地の俗称（ドーニワ・ツリカネタ）を図面上に記入した。しかる後に発掘を実施し、四至を求め諸堂宇跡と園池を検出することに成功して伽藍の実態を明らかにしたのである。智光寺跡の調査は、その建立年代について出土記銘瓦と古記録とが一致した稀有の例であるが、中世寺院跡の調査例として極めて重要であり、今後における研究に大きな示唆をあたえることになった。

近世寺院跡の調査例は、中世に対して極めて少ないが、そのなかにあって、一九七二年に加藤晋平などによって実施された東京都八王子市松山廃寺跡の発掘はその先駆的な事例として注目される。

このような寺院跡の発掘調査にもとづく調査において、伽藍の構成問題とあわせ考慮されなければならないテーマに瓦の研究がある。古代寺院にあっては初期的な草堂を除いては、そのほとんどに瓦が葺かれていた。したがって古代寺院跡の研究はその創建・展開・衰退の過程を出土瓦の観察によって明らかにすることができる。瓦は、鐙（軒丸）・宇（軒平）瓦の瓦当面文様の分析によって時代の様式が確立しており、文様瓦の調査によって年代的な位置づけが可能である。かつて寺院跡調査の主流をなしていた表面的現状調査による方法においては、採集瓦によって出土遺構の年代づけが試みられてきたが、発掘的現状調査の進展に伴なって、一括瓦資料の獲得が可能になり、その出土状態のあり方より、寺院の廃絶の実態が明らかにされるにいたっている。その場合、単に文様瓦の調査に止どまらず、男（丸）・女（平）瓦の統計的処理も不可欠的条件になってきた。それら一括出土の瓦資料は、建立時点の瓦の組合わせを把握するに必要であり、また、後補の瓦のあり方を知るうえにも重要である。さらに、一般に文字瓦と称されている箆書の人名・国・郡・郷名瓦、施印押捺郡名瓦、墨・朱書瓦などの検討を果たすことによって、それを出土した寺院の建立にまつわる歴史的背景を推察することもできる。これらの瓦資料は、たとえば一堂宇跡の発掘によって得られた一群セット資料を、出土状態を充分に認識したうえで意味づけが考えられなければならないことはいうまでもない。同様なことは中世寺院跡の場合についてもいえることである。ただ、中・近世の小規模寺院跡にあっては瓦を用いない建築も多い。しかる場合には、瓦以外の埋没資料を活用することも忘れてはならない。それは仏器その他の物質資料の検討によって遺構の年代を推定することも可能であるからである。

(四)　寺院史の調査

現在、法燈を伝えている寺院史の調査は、文献史料による研究が支配的である。しかし、文献史料が回禄などの理由によって、まったく失なわれている場合には物質資料の調査によることが必要である。この点、従来の文献史料一辺倒の調査とは研究の視角を異にする。その資料は、地上（伝世）資料であるが、案外と種類が多いことを留意することが肝要である。すでに、「三　資料の調査とその活用」においても触れておいたように、まず、仏像の調査が必要である。本尊の尊容などの様式的観察によっていちおうの年代観を考え、ついで新旧の仏法具類および位牌調査を実施する。仏像・仏法具類・位牌には往々にして銘文が認められることが多いことから絶対年代の比定も可能になろう。また、寺印・諸版木などの存否調査も試みるべきであろうし、さらに重要なものとしては、墓碑・墓標の調査がある。とくに墓標の調査は等閑視することができない。墓標は時代や宗派により、その形態に特徴と変遷があり、それには戒名・示寂年月日が刻されていることが一般的である。そして多くの場合、墓標に頭書が認められるのでその検討をなすことも必要である。墓標には、塔形のもの、位牌形のもの、碑形のものなどがあるが、それの造立者の性格が標形に反映されていることが多い。頭書には、本尊・題目などをあらわした例と仏教教理術語を刻した例、記号などを刻した例などがある。ともにその造立者と寺院の宗派を示し、戒名の検討とともに考慮すべきものである。このような地上資料を形態的に観察し記録化し、紀年銘資料を参照しつつ編年的に整理することこそ文献史料が失なわれた寺院の法燈史を復原することに役立ってくる。その方法は、すぐれて考古学的であることが必要である。すなわち、それらの物質資料を単なるスケッチではなく、実測・写真・拓影という作業によって客観的な資料として記録化することが必要である。そこにおいて、はじめて寺院史の展開過程の反映資料として評価することが可能になってくるのである。ただ注意すべきことは、文献史料としての過去帳および経巻奥書きなどを活用することも忘れてはならない。過去帳とか経巻はどこの寺院にいても創建以降のものが完備されているわけではないにしても、いちおうの参考資料として彼我を対照させ補いあうことが望まれる。このほか、造橋供養碑あるいは付近に存在する諸々の供養塔の検討、檀越関係資料の探策、本末関係寺院における諸資料の採訪もなされなければならない。

以上のごとき方法は、文献史料が残されている寺院の研究に際しても試みられるべきことであり、そこにおいて物質資料調査の有効性が発揮されてくるであろう。

五　塔婆の調査

(一)　塔婆の意味

塔婆は、パーリのThūpa、サンスクリットのStūpaを漢字で音写したもので、漢字文化圏においては「窣堵波」「数闘波」「素覩波」「私倫簸」「兜泉」「浮都」「浮図」などと記し、また、漢訳経典類には「廟」「墳」「塔寺」「高顕処」などと意訳されている。一方、スリランカではDāgabaあるいはDhāgabaといい、ビルマなどではPagodaとよばれている。

一般に塔婆の略として「塔」とよばれているが、厳密には「塔婆」あるいは「仏塔」と表現さるべきものである。さて『摩訶僧祇律』巻三三には「舎利あるを塔と名づけ、舎利なきは枝提と名づく」とあり、舎利を収めていないものはCaitya（枝提・制底）であるということになるが、その区別はかならずしも明確ではない。

仏塔の起源は、古代インドにおける釈迦の入滅後に仏舎利および瓶・灰を収納して起塔された十塔に求められ、以降、釈迦とその高弟の徳を慕って仏教の伝播地域に等しく造塔がなされた。仏教信仰において塔婆は中核的なものであり、伽藍構成上に占める位置はもちろんのこと、それの造立の実態を解明することは、仏教発展史上において普遍的なものであるだけに、極めて重要であるといえよう。

塔婆に関する調査は、埋没ならびに地上資料として時空的視点を超越して認識されるものであり、仏教考古学の調査対象資料として等閑視することはできないのである。

(二) 塔婆の種類

塔婆の種類は、造立材質と形態によって類型化することができる。材質によって大別すれば、木・金属・石・土製などがあり、それはさらに木製に木造建築・木工、金属製に金銅・銀・銅、土製に陶・瓦・泥などに細別することが可能である。また、形態的には、覆鉢塔・重層塔・五輪塔・宝篋印塔・宝塔・無縫塔・相輪塔・板塔などに大別することができる。

わが国におけるこれらの塔婆類を瞥見してみると、その形態には、東伝・南伝

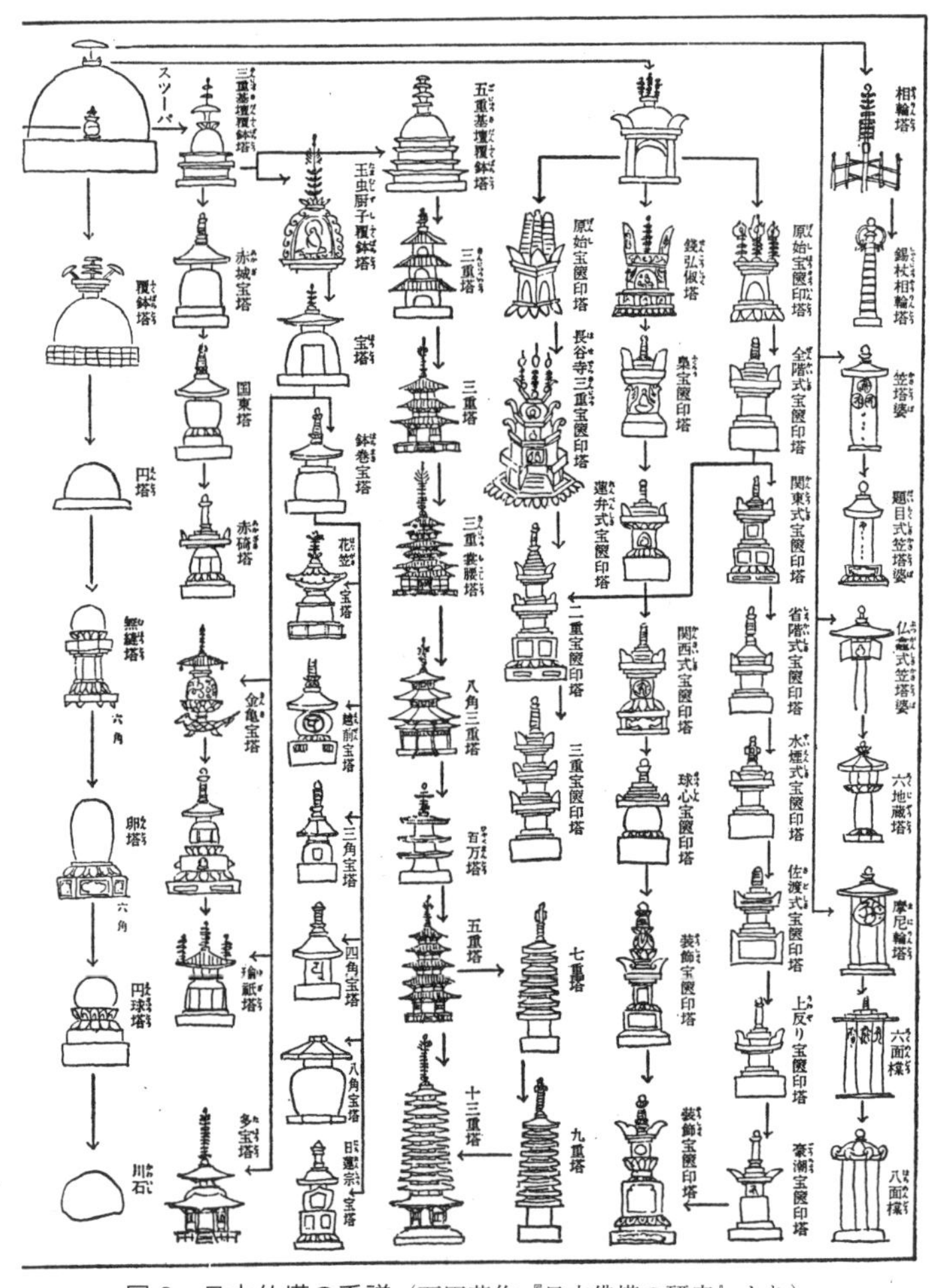

図3　日本仏塔の系譜（石田茂作『日本佛塔の研究』より）

両系の要素を含んだものと同時に中国伝来のものおよび日本独創のものをも含んでおり、極めて多種類にわたっていることがわかる。このような多種にわたる塔婆類を積年にわたって研究した石田は、その系譜を図3のようにまとめた。

㈢　塔婆の調査

伽藍構成上の要素としての木造建築重層塔の基壇と礎石群の発掘によって検出された塔婆遺構の調査が各地で進んでいる。飛鳥時代以降における伽藍跡の調査において塔婆の占める価値は極めて高いが、検出遺構

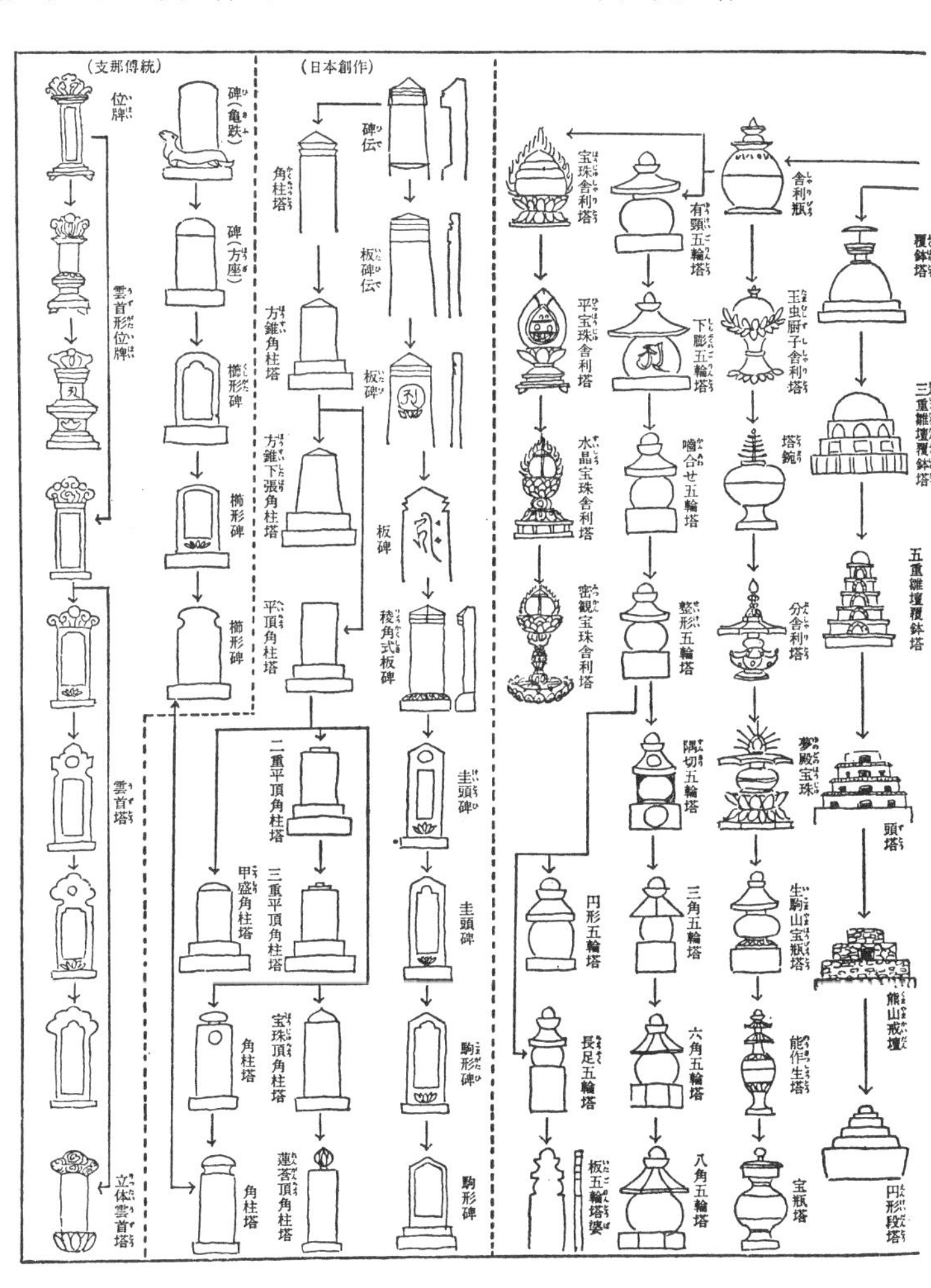

の状態から、本来の上屋の姿を復原することが可能である。すなわち塔婆平面一辺長の数値と中心礎石の分析より、重層塔の三重・五重・七重の別を把握できる。

木造重層にあっては、正方形基壇の中央に心柱をたてる礎石（中心礎石）をおき、その四方に四天柱を配し、さらにその外側の四隅に隅柱をたて、各隅柱の中間に各二本宛の柱をたてる。すなわち一七本の柱が必要であり、それが掘立柱使用のものでないかぎり、それぞれ礎石を配することになる。なかでも心礎には、心柱を受ける柱座が設けられており、その種類には六種が認められている。このような心礎にみられる柱座径数値と塔一辺長とが密接な関係をもっており、その両者が明らかであれば、その重層塔の種類が判然とする。

塔一辺長÷心礎柱座径＝九～一〇の場合は三重塔、同＝七～八の場合は五重塔、同＝五～六の場合は七重塔であることが石田によって説明されている。また、あわせて塔婆の高さは、心礎柱座径の四〇倍前後であることが検証されている。

このように木造建築重層塔婆の基壇と中心礎石の発掘によって造立時の姿を明らかにすることができる。このほか重層塔婆には、石製の三重層塔、瓦製の五重塔などが存在する。

石製の塔婆は、各時代にわたって各形のものが造立された。なかでも五輪塔・宝篋印塔・宝塔・無縫塔（卵塔）および板石塔婆（板碑）などは普遍的なものであり、古代より近世にかけて全国的に造立され、その資料は大部分、

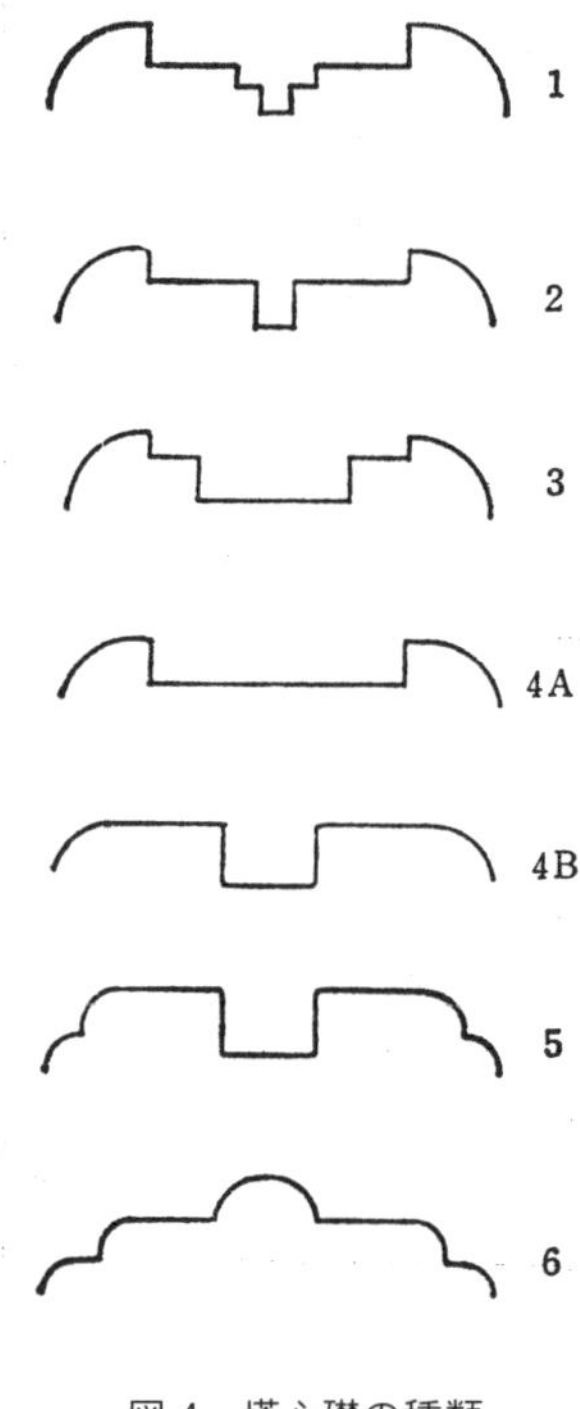

図４　塔心礎の種類

図５　中世宝篋印塔〈関西型〉
（京都二尊院）

図６　中世宝篋印塔〈関東型〉
（神奈川県覚園寺）

図７　中世多宝塔
（滋賀県少菩提寺跡）

図８　中世無縫塔
（神奈川県建長寺）

地上資料としていまに伝えられている。それらの形態は、時代によってそれぞれ特徴があり、その形態変化によって造立年代の識別が可能となっている。

五輪塔・宝篋印塔は、中世以降、広く各地に造立され、宝塔はそれにつぎ、そして無縫塔は禅僧開山塔として造立された。また、板石塔婆（板碑・青石塔婆）は、中世を中心として地域的な特色ある材質と形態をもって階層を超えて造立され、とくに武蔵国においては中世に概数二万基が集中的に造立された。

このような石製の塔婆類には、造立年次・被供養者——被葬者の戒名および偈などが沈刻されているものもあり、それと無銘塔婆とを対比することによって形態変遷をたどることができ、あわせて造立階層

図 9　中世板石塔婆
（埼玉県円照寺）

図 10　石造塔婆の群在（土肥氏一族の墓所）（神奈川県湯河原）

のあり方、さらには石工集団の復原も可能となってくる。

これらの石製塔婆類は、供養塔として造立されたもののほか、墓標的性質をもつものもあり、その下部遺構――収骨施設・骨蔵器――の存否によってそれの識別をすることができる。五輪塔・宝篋印塔は、各部分を別個に作り、しかるのちに組み合わせたものであり、ために往々にして造立当初の形態を失して異なる塔婆部分の寄せ集めとして、あるいは各部が分離された状態をもって見出されることが多い。

従来このような造立当初の形状をもつ資料以外は、さして省みられることなく放置されてきたが、今後における個別寺院あるいは地域的な調査に際しては、各部ごとの集成的調査が必要であり、各部の特徴を統計的に把握することによって、そこに展開した造立の背景を歴史の流れのなかにおいて位置づけることができるのである。

同様なことは、板石塔婆（板碑）の場合についても指摘することができる。千々和實を中心として実施されてきた東国板碑調査団の調査研究は、細片をも見逃すことなく、それの現位置の認定とあわせて詳細に記録され、史料化が進められている。まさに石製塔婆の地域的研究の指針とさるべき方法であり、その意義は高く評価されなければならない。

さて、石造塔婆類の研究は、古くより川勝政太郎によって〝石造美術〟と表現され、主宰する『史迹と美術』誌を中心に多くの資料が紹介され、それの研究が活発に行なわれてきた。川勝によって提唱された石造塔婆などの部分名称を図示しておきたい（図11）。

これによってもわかるごとく、それぞれの石造塔婆の形態には、部分名称が付けられており、資料報告に際しては、かかる部位名称を理解しておくことが必要であることはいうまでもない。

たとえば、ある地域の調査によって、五輪塔の水輪部分が見出されたとすれば、その写真撮影・実測図の作成をなすことが要求されよう。それがたとえ無銘であったにしてもその形態より五輪塔の水輪部分であることが理解され、

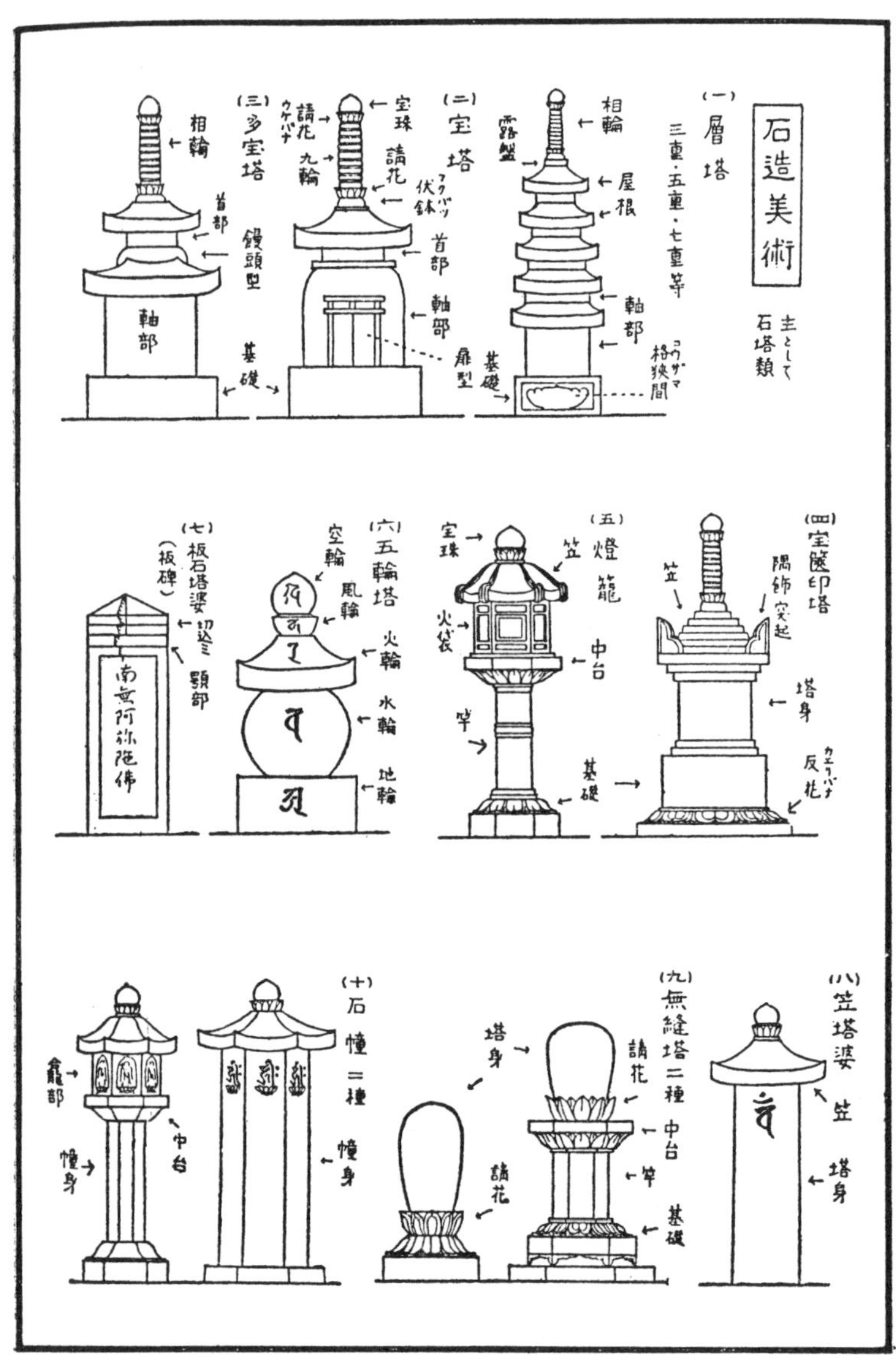

図 11　石造塔婆各部の名称（川勝政太郎編『史迹美術資料ノート』より）

付近に空・風・火・地輪の存否探策を試みることがなされなければならない。すなわち、石造塔婆の多くは組み合わせ式であることによって、それらの部分を総括的に理解することが求められるが、部分欠失の塔婆資料であっても、それはまさしく仏教信仰の具体的資料として認識されなければならない。

中世における地域史あるいは寺院史の研究は、多くの場合、文献史料が限定される傾向にあるが、このような石造塔婆類の認識にもとづいて、地域信仰の実態、寺院法燈の姿を彷彿とさせることができるのである。それはまた一面において文献史料の傍証ともなり、さらにそれの欠如を補うことにもなるわけである。

同様なことは近世の場合についても指摘することができる。その調査方法は、モノを資料とする考古学的方法によって、資料を客観的に記録化することが重要であり、実測図の作成をはじめあらゆる手段が講じられなければならない。このような調査を通じて塔婆の時代的背景と造立の実態を究め、歴史の史料として正しく評価しなければならないのである。

図12　近世五輪塔（神奈川県妙本寺）

六　仏像・仏具の調査

(一)　仏像の調査

仏像の調査は、従来、美術史学者を中心として実施されてきた。しかしながら、その調査対象はいわゆる優品に視点がおかれ、同時に中世以前の遺品の調査が支配的であった、といえるであろう。

仏教考古学としての立場より仏像を研究の対象とするとき、かかる調査対象遺品に関する研究の方法とは明瞭に峻別することが求められる。すなわち、製作年代の新旧、作柄の優劣、作者の知名度、損傷の程度などを基準としてそれの調査を主観的・恣意的に取捨選択するのではなく、すべての仏像遺品をそのまま仏像信仰の具象として把握することが肝要である。ただ、注意すべきことは各時代における作風の基準資料たりうるいわゆる優品を研究のメルクマールとすることは是非とも必要なことである。そこには様式的研究の一つの拠所が示されているからである。

このような前提にたって仏像の調査を試みるとき、それは地上資料と埋没資料とに分けられ、それぞれの存在の状態が考慮されなければならない。その大部分の遺品は地上資料として認識されるものであるが、なかには埋没資料として金・石・塑・塼仏などの知見例もあり、とくに塼仏の類は埋没資料として発見されたものが支配的である。地上資料の場合、本尊と脇尊はもとより安置されているすべての仏像類に眼を向けることが肝要である。それらの仏像は、正面・側面・背面の写真撮影をはじめとして実測図の作成を果たすことが求められる。そして光背・台座などの同時性の問題の検討、さらには銘文存在の場合にはそれの検討を通して造像の由来を把握することが必要である。そして、その寺院の本尊が教理的にいかなる意味を具備するものであるかという点に関する考察を等閑視することはできない。要は、仏像類がその寺院の法燈の展開において占める位置を充分に認識して、ときには信仰の対象物としてのそれらを客観的に観察し、記録し、その意義づけを歴史的視点より果たすことが必要である。

その観察方法は様式論を基礎としながらも、それにとらわれず、一つの物質資料そのものとして調査を進めることが今後における仏像調査の考古学的方法であらねばならない。

また、必要に応じてX線撮影、金仏・塑像・乾漆仏の成分分析、木仏の材質鑑定など関連分野の協力をえて資料の多角的検討がなされなければならないであろう。

以上のごとき観点に立脚して多くの仏像類を調査するとき、従来、試みられてきた美術史的研究の視点を離れて、本来の意味における考古学的方法による新分野の開拓、出土埋没仏像の調査研究が必要である。

なお、仏像の調査として案外、系統的な研究が進んでいないのは磨崖仏およびいわゆる石仏類の調査である。磨崖仏の調査は、古代・中世の一部資料を対象としては意欲的な研究もなされてはいるが、中世そして近世にかけて各地に造顕された大部分の資料については調査が極めて不充分である。仏教信仰の地域的展開過程を跡付けるためには、磨崖仏の調査はぜひとも行なわなければならないことをとくに提言しておきたい。また、路傍の石仏として認識される資料も民俗誌的視点よりの究明が試みられつつあるが、それらを考古学的方法によって個別的に、さらに総合的に調査する方向が待たれる。石仏の調査は、すぐれて民衆の仏教信仰の発露としての観点より、仏教史的究明はもとよりそれの地域史的な造顕背景を位置づけることが期待される。

また、仏足跡信仰の痕跡として把握される仏足石の調査も等閑視することができない。わが国の仏足石資料は多く近世のものであるが、それに対する調査は一部の識者によって行なわれているにすぎない。その調査が大いに期待される。

(二) 仏具の調査

仏像と並んでどこの寺院においても見られるものに仏具類がある。仏具は、仏教儀式の遂行に際して不可欠のものであり、仏像とともに寺院において重要な位置を占めている。仏堂内の荘厳具、儀式に伴なう梵音具、供養具、密教具、そして僧侶が佩用する僧具類がその主なものであり、その種類については、石田によって示されている（五～六頁参照）。それらは、寺院における儀式具現のためには必須のものであり、よって普遍性をもって存在していることはいうまでもない。仏具類に往々にして銘が認められ、それらの在銘品によっては納められた出来・年代・寄進者名が知られ、法燈展開の側面を物語る資料として看過することはできない。それぞれの資料を考古学的な方法によって観察し記録化することが必要である。従来、仏具の研究は、主として金工的な立場において行なわれてきた傾向がある。しかし、たとえば、梵鐘の研究が坪井良平により考古学的方法にもとづいて完成されたことに範を見るごとく（『日本の梵鐘』など）、多くの仏具類の調査は今後かかる方法によってはじめてそれの歴史的な究明が進展することは疑いない。とくに埋没されていた出土仏具類の調査研究が期待される。その調査にあたっては、仏教に対する優れた認識、該博な金石文の知識、それの展開した史的背景の把握が求められる。

以上、仏像・仏具について簡単に触れてきたが、それを総括して仏教美術としての観点よりまとめられた石田茂作の見解を紹介しておきたい。かつて石田は、仏像を中心とした仏教美術研究の手引き書として『仏教美術の基本』（一九六七、東京美術）を公けにした。そのなかで、釈迦関係・大乗（顕教）仏教・密教・浄土教・禅宗・垂迹に分類され、それぞれの主要資料について簡明な解説をしている。そこでとりあげられている遺物はつぎのとおりである。

釈迦関係の美術　諸種の釈迦像・仏伝・本生譚・仏弟子その他、舎利塔と仏足石・仏教用具。

大乗仏教（顕教）美術　如来の造形・菩薩の造形・天部の造形・祖師像など・経典の荘厳・仏教用具。
密教美術　非人間的仏格・忿怒明王像・大日如来と十二天・曼荼羅・祖師像・貝葉経・密教用具。
浄土教美術　諸種阿弥陀像・浄土教の菩薩と祖師像・浄土曼荼羅その他、地獄六道関係遺物・浄土教用具。
禅宗美術　達磨像・頂相・墨跡・禅画・禅宗用具。
垂迹美術　御正体・垂迹像・垂迹曼荼羅・修験用具・経塚遺物。

このような分類は、仏教美術の理解に資することを目的として試みられたものであるが、今後における仏教考古学の研究、とくに仏像・仏具の調査研究の指針となるであろう。

七　経塚の調査

㈠　経塚の諸相

経塚は、経典を埋納した場所をいい、平安時代中葉を上限とし、以降、現代にいたるまで種々な願望をもって全国的に造営されている。その形状は経塚と称されているように、小規模な塚状施設を上部構造として営み、その封土中あるいは地下に主体部を設けている例が一般的である。主体部は、普通、小石室状のものをつくり、その中に経筒などを埋置した例が多いが、方形土坑状のピット内にそれを納めている例などもある。埋納された経典は、法華経がもっとも多く、金剛頂経・無量義経・観普賢経・般若心経・阿弥陀経・大日経・弥勒経・理趣経なども見られ、特殊なものとしては一切経の埋納例も知られている。

これら主として平安時代の埋納経典は、紙本経を主体とし、そのほか瓦経・滑石経・銅板経があり、近世に入っては礫石経が認められる。紙本経は、紙に経典を書写（墨がほとんどであるが、まれに金・銀・朱）したものであるが、それを納める容器として青銅製あるいは陶磁・竹・石製の筒形の経筒が用いられた。また、筥・櫃に納められた例もまれに認められる。そして経筒は、とくに青銅製品の場合、さらに外容器によって保護されたものが往々にして認められる。

これら紙本経を納めた経筒には、和鏡・利器・仏像・仏法具類・銭貨などが伴なうことがあり、それらは副納品としての性格をもっている。経筒には、発願者の氏名・目的・年次などが銘記されている例もあり、造営の願望を具体的に知ることができる。瓦経は、素焼陶板に経典文字を沈刻しているもので、平安時代後半に集中的に認められている。銅板経・滑石経は発見例がまれであるが、瓦経と同じころに出現し、そして衰退したもので、これらは西日本に主として見出されている。また、礫石経あるいは貝殻経は、礫石及び貝殻の内側に一文字（礫石の場合には一字一石経という）、あるいは多数文字を墨書しているもので、近世に広く行なわれた。かかる風習は現代においても認められる。

　これらの経塚は、古代・中世にあっては、社寺の境内あるいは眺望のよい山上・山腹に営まれたものが多いが、近世に入ると、とくに礫石経を主体とする経塚は街道に沿って営まれ、上部に石塔・石碑をもっている例が見受けられる。経塚は、単一経塚と複合経塚とに分けられ、後者は経塚群と呼ばれている。

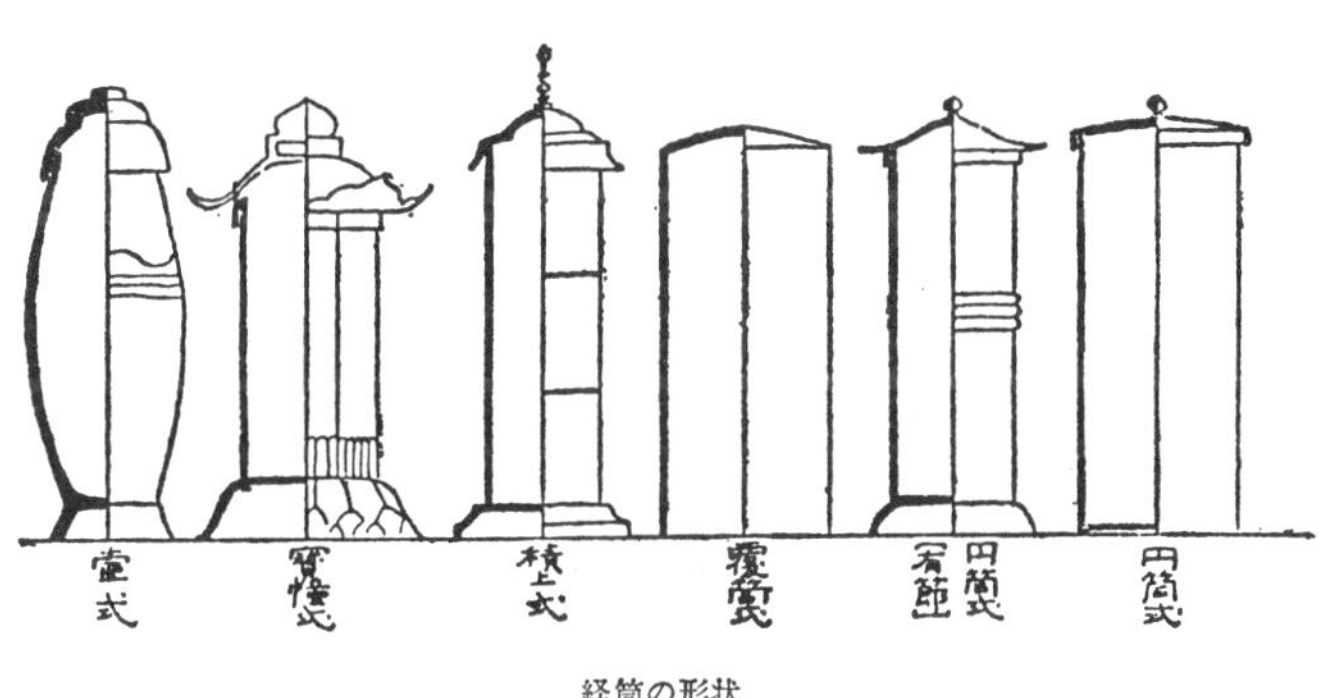

経筒の形状

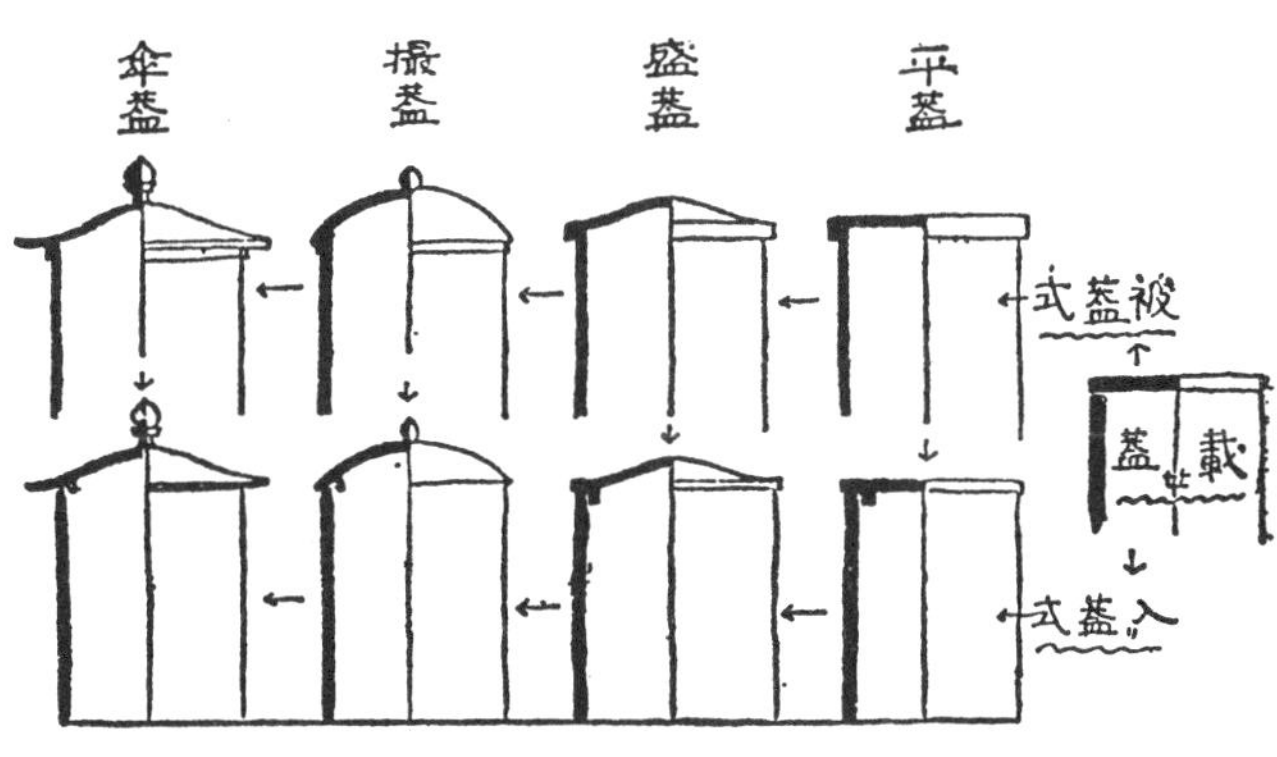

経筒の蓋の形式

図13　経筒の形状と蓋・底の種類（石田茂作「経塚」『考古學講座』より）

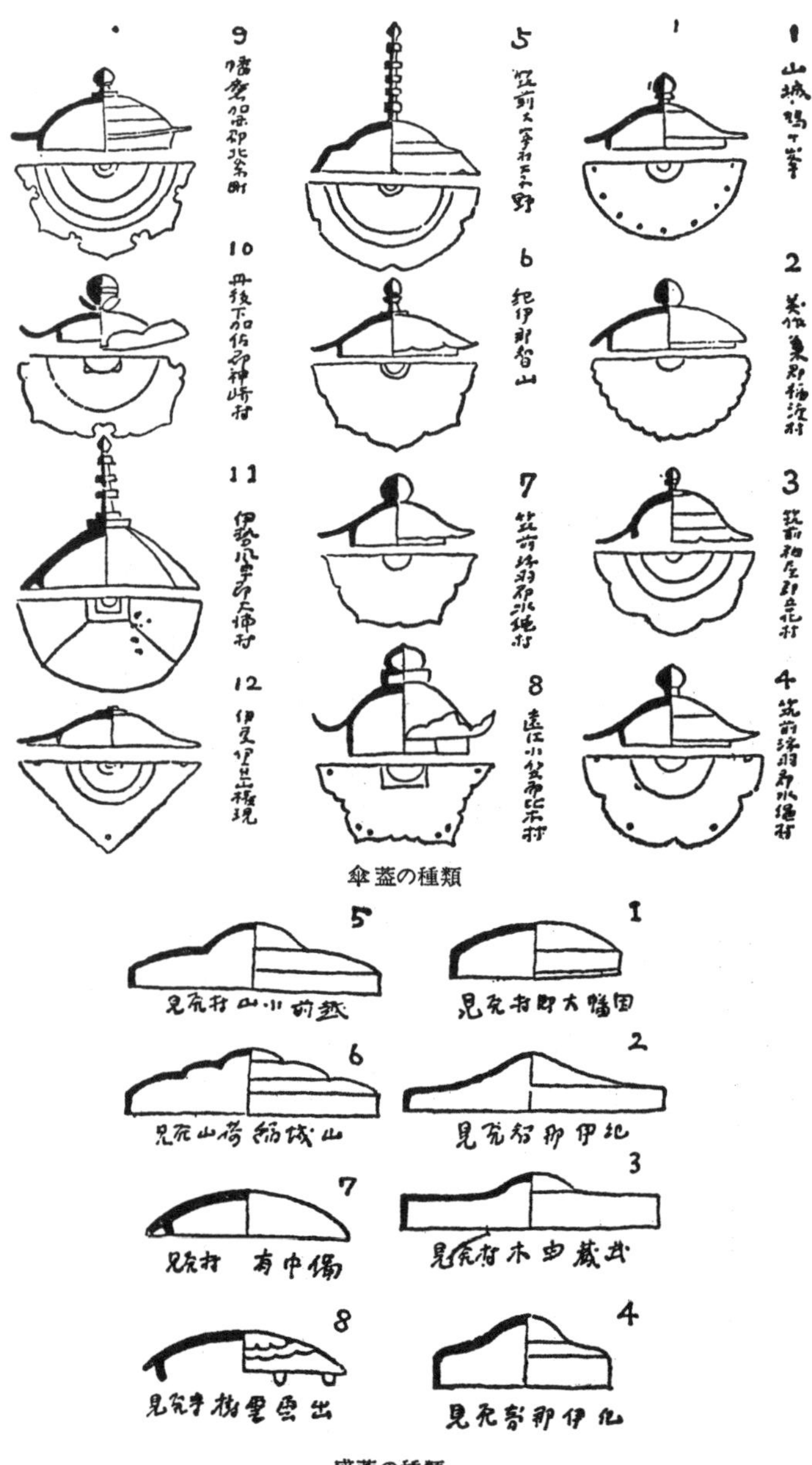

傘蓋の種類

盛蓋の種類

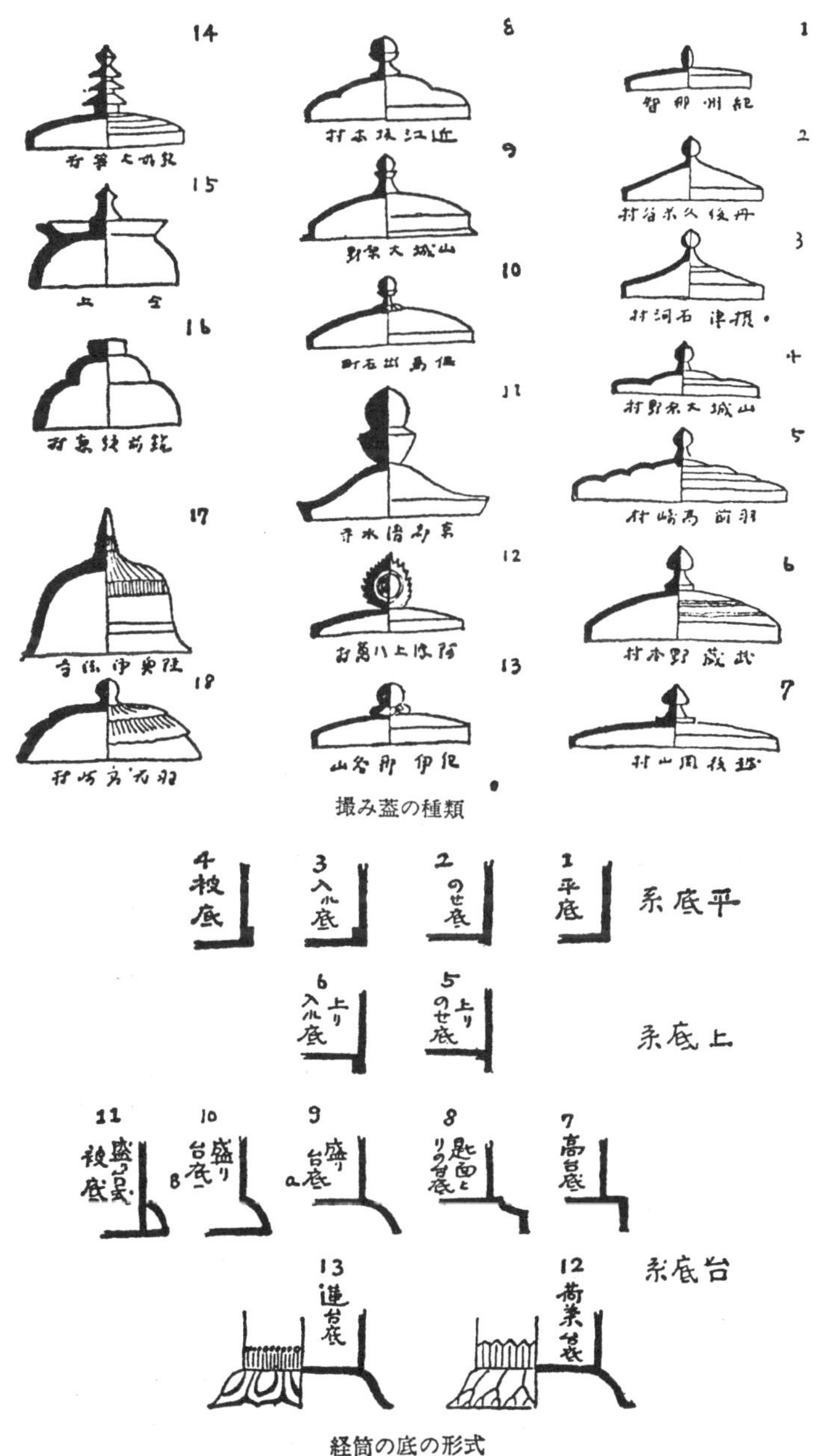

撮み蓋の種類

経筒の底の形式

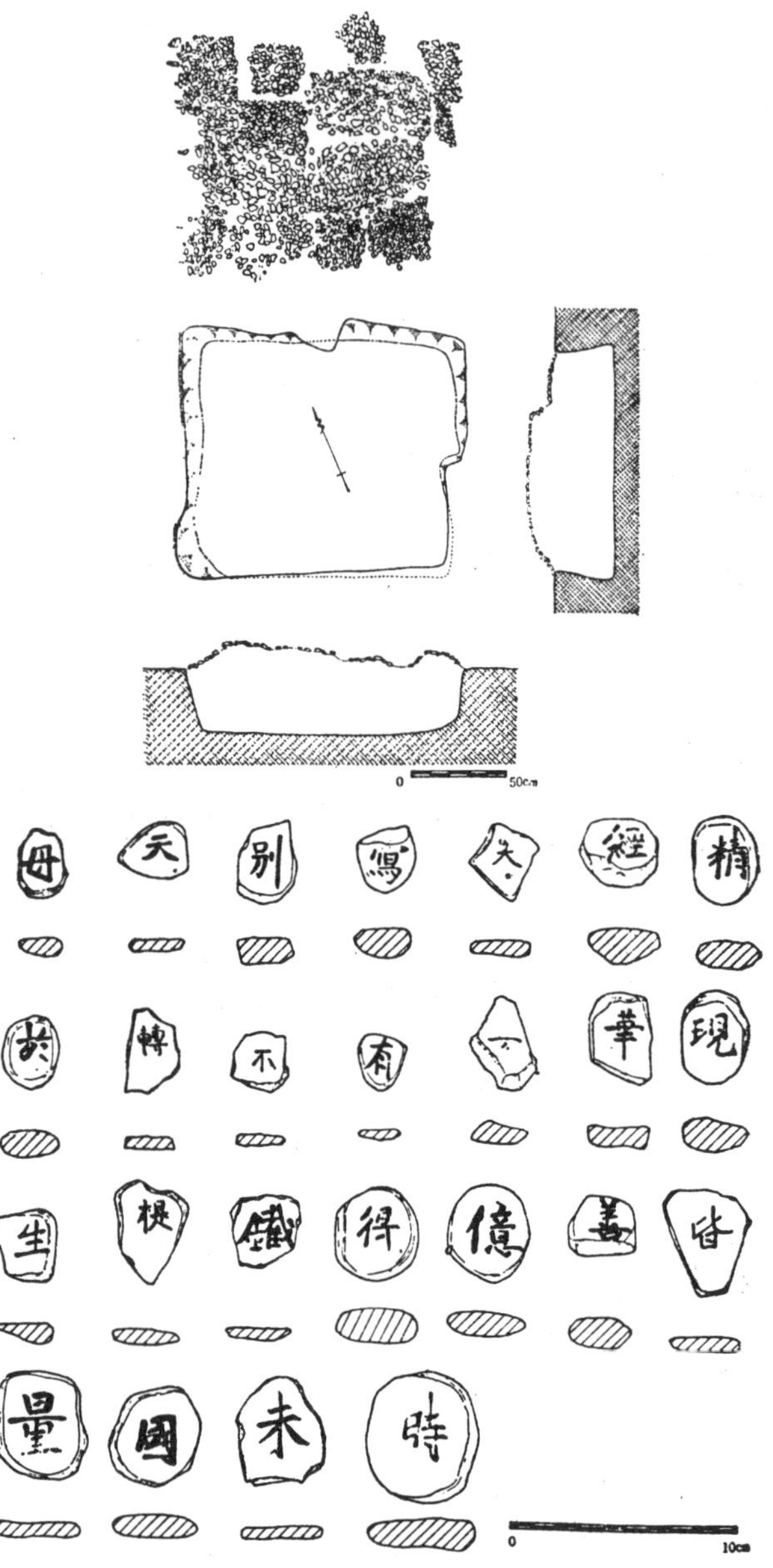

図 14　一字一石経と出土遺構（『金沢市河原市遺跡』より）

㈡　経塚の調査

経塚については、江戸時代より多くの識者によって注目されてきたが、明治時代に入って考古学的調査の気運が醸成され、ついで大正の末年より昭和の初頭にいたり石田茂作の「經塚」（『考古學講座』、一九二六・二八）によって総括的な研究が遂行された。石田の研究は、その後、多くの新資料が学界に提供されたが現在においても経塚研究の拠るべき指針書となっている。

経塚の調査は、従来とかく古代の紙本経埋納の経筒を伴なう遺例に主眼が注がれてきた。経塚といえば、一〇〇七年（寛弘四）の藤原道長の金峯山経塚の造営を連想するごとく、それはあくまで平安時代に流布した末法思想にもとづいて顕現された仏教遺跡として把握されてきた。その源流はおそらく中国に求められるであろうが、ただ、現在のところでは彼地で同種遺例の発見がなく、わが国において現在われわれが見るごとき経塚の形態が発生したのは日本であろうと説かれているが、この点については再検討の必要がある。

それはともかくとして、各地において平安時代に造営された経塚の数はかなり知られているが、まだそれの総合的調査はなされていない。すなわち、経塚地名表は、以前作成された石田地名表のほか、地域的に作成されている例は若干あるものの、全国的にまとめられたものは未完成である。

近時、三宅敏之は福島県において一二世紀までに造営された九例経塚の所在地、遺構・遺物について整理し、それらの（一）造営年代、（二）遺構と遺物、（三）営造者、（四）分布と選地、（五）造営の背景について考察を施したことがあるが（『郷土史研究講座』二、一九七〇）、かかる試みが各地域ごとになされることによって、経塚造営の地域的様相が明らかにされ、それは同時に経塚地名表作成の基礎的資料として大きな役割りを果たすことになる。それと同様なことは中世以降の場合についても指摘しうるのである。

中世以降における経塚の調査は未開拓であり、それの様相については明らかでない。かつて三宅は「大勢として鎌倉時代には追善供養的性格がつよく、室町時代には廻国納経に伴って盛行し、江戸時代は礫石経が全盛をきわめた」（『日本考古学の現状と課題』、一九七四）と説明したことがある。とくに、近世の礫石経については、各地に〝経石〟〝一字一石経〟の発見があり、それに関する調査の必要性が待たれてはいるものの、遺構との関係については明らかにされていない。近世の礫石経塚は全国的に普遍性をもって分布しており、地域的調査と悉皆的研究の着手が期待される。

経塚の調査は、多くの場合、偶発的発見に端を発するが、計画的調査例も最近にいたって見られるようになってきた。計画的調査によって、遺構と埋納物との相関関係の把握が可能になり、従来行なわれてきたごとき遺物中心の研究よりの脱皮が期待される。

経塚の個別的な調査例が、時代的・地域的に集成されたとき、寺院・塔婆・墳墓などと並んで仏教史の研究にとってはもちろん、地域史の構成にあたっても重要な素材として位置づけが果たされることになるであろう。

八　墳墓の調査

(一)　仏教と火葬

仏教徒の遺体処理法は火葬であるといわれている。それは、仏陀の入滅の後、遺体を荼毗に付したことに範をとったからであり、以降、仏教徒は火葬による遺体の処理法に倣ったとされている。

わが国における火葬の初現については、僧道昭の物化に際して「弟子等奉二遺教一、火葬二於栗原一、天下火葬従レ比而始也」(『続日本紀』天武天皇四年三月条)と正史にみえている例を挙げて一般化されているが、実際には、それ以前にすでに仏教的葬送が行なわれていたことは確実である。たとえば、天武天皇の崩御に際して行なわれた葬儀は仏式によるものであり、また、畿内にみられる古墳のなかに明らかに仏教の影響をうけた痕跡が認められる例も多い。さらに、最近、八角形墳として注目をうけている中尾山古墳(奈良県)は火葬墓としての可能性を濃厚に具備するものである。しかし一方、カマド塚とよばれる火葬古墳の存在が大阪府を中心として新たに知見にのぼり、それらの年代が六世紀末より七世紀の初頭に位置づけられることによって、道昭以前における火葬の普及が一部に説かれているが、かかる窯槨墳は本質的には仏式によるものとは考えられない。

仏教と火葬との結びつきは、突発的なものでなく、やはり伝統的葬送儀式のなかにまず仏式がとりいれられ、しかる後に漸進的に仏式葬儀の反映が具体的に墳墓の造営に影響をあたえてくると考えたほうが蓋然性が高い。

七二九年(神亀六)在銘の金銅製墓誌を伴なった小治田安万呂の墳墓のごとく八世紀以降に火葬による方式が定着化されてきたと見ておくのが、もっとも穏当な解釈である。

それ以降、仏教思想の浸透によって全国的に時間差こそあれ、火葬が普遍化していくことになる。しかしながら仏式による葬送儀式を行ないながら土葬している場合もあり、仏教的葬送即火葬墓と規定することは難事である。地上に仏式の標識をもちながら、地下には土葬によって埋葬されている例も決して少なくないからである。

(二)　火葬場

墳墓に関連する調査において、現在もっとも遅れている分野は遺体を荼毗に付す場所、すなわち火葬場の実態究明についてである。古代火葬墓にあっては、往々にして火葬場即墳墓の例もかなり認められているが、中世以降にあっては特殊の場合を除いては、火葬場と墳墓とが分離していることが多い。火葬場は、各地において伝統的に長期間にわたって限定された場所が設定されており、それの上限と構造の実態把握を究明する仕事が残されている。

(三)　火葬流布の時期と背景

火葬の流布は、奈良時代より平安時代にかけて天皇家をはじめとする貴族階層並びに僧侶の間にとりいれられ、その火葬骨収納の容器——骨蔵器にも金銅・青銅・瑠璃・施釉陶器製品などの優品が用

図 15　埼玉県念仏堂遺跡の古代末～中世初の土壙墓群
（『埼玉県遺跡調査報告』17 より）

いられた。その骨蔵器の形態は、合子状のもの、蓋付壺形のものが多く知られているが、それは畿内を中心とする地域において見られる現象であった。それに対してほぼ平安時代に入って各地に普及をみた火葬の風習は、それの収骨容器の大部分は、土師器・須恵器あるいはその系統をひく陶製品であり、そこには日常容器の転用が考慮されている。

鎌倉時代に入ると禅僧を中心とする人びとによって青銅製の骨蔵器が使用され、それには形態的に塔形あるいは有蓋円筒形のものが出現し、また在銘品も見られる。在銘品には年次・被葬者名が刻され、標識にも顕著な塔婆形の墓碑――墓塔が見出されている。かかる傾向は南北朝時代にまで引きつがれるが、室町時代に入ると様相は一変する。火葬風習の一般化である。換言すれば、一般民衆への火葬の浸透であり、各地にこの時期以降に火葬墓の造営が普及するにいたる。その時期は一四世紀以降であるといわれており、事実その例は畿内を中心として多くの資料が検出されている。その場合の骨蔵器は、日常容器の転用のほか、木あるいは竹製の骨蔵器が用いられたようであり、墓

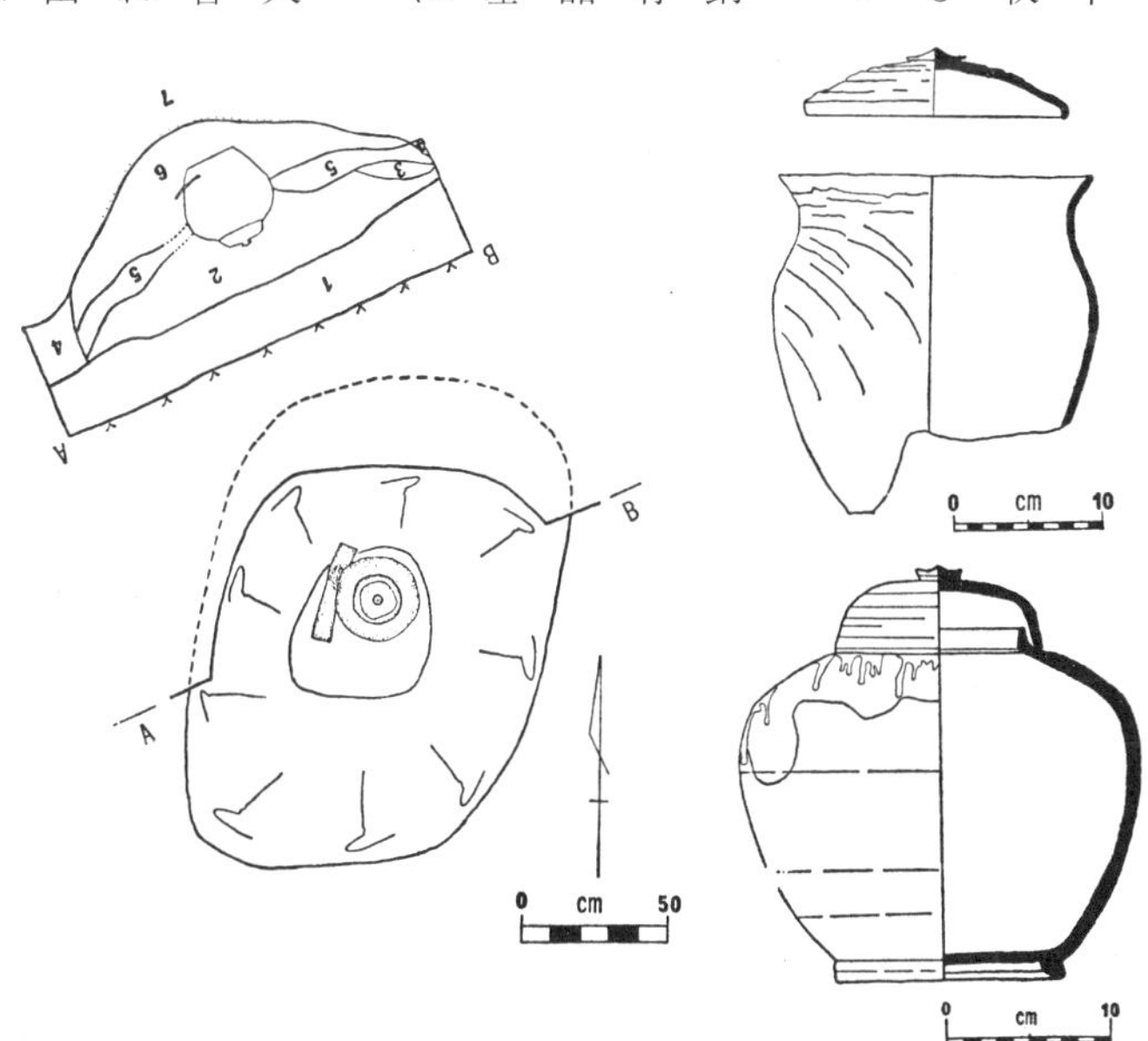

図 16　神奈川県野川南耕地遺跡の古代墳墓と骨蔵器（『川崎市文化財調査収録』7 より）

標の存在も無機質のものでなく、現に認識されるのは一墓一標識の傾向は認められず、多く有機質墓標の存在が考慮されている。しかし、一方において小形の五輪塔のごとき標識的性格を有するものが、供養塔婆としても墓域に多量に出現してくる地域的現象が認められていることを注意しておかなければならないであろう。

㈣　墳墓の主体部

墳墓の主体部は、特殊な例を除いては地下に位置している。地上に標識として墓塔・墓碑をおき、それの地下に埋葬の主体部がおかれているが、とくに中世以降においては対象が現に信仰の対象としての墳墓であるために発掘調査は容易ではなく、多く偶然的あるいは移築などの不可避的な時点を捉えて実施されることが多い。それはまた、古墳などのごとく一見してそれと認められるものとは異なり、古代の場合にあっては、封土をほとんどもたず、また標識すら失なわれている例が多いことも起因している。

したがって、古代の火葬墓資料は、骨蔵器の出土例が多いのに対して、それの埋置されていた構

羽釜形（康永年銘）

壺　形（室町時代）

火消壺形（室町時代）

図 17　奈良県元興寺極楽坊出土の中世骨蔵器
（元興寺仏教民俗資料研究所資料より）

造の実態が必ずしも明瞭に把握されていない。骨蔵器に収められた例のほか、瓦・河原石などを組み合わせた棺状の施設に火葬骨が納められている場合もあり、さらに、骨蔵器を石室のなかに納めている例も知られている。

中・近世の資料は、古代に比較してかなりの発掘例があるにもかかわらず、それの実態は明瞭であるとはいえない。地域的にはかなり調査も進み、とくに最近における広域な発掘調査の結果、かなり知見が増加してきているものの充分ではない。

墳墓の調査、とくに火葬骨蔵器を主体とする例の調査は、偶然的発見を必然化せしめる努力を傾注することが期待される。偶然に検出された火葬骨蔵器は、それの出土地点の調査を総合的に実施することが必要である。まず、それの立地を把握し、出土地の再発掘を試みて埋葬の状態を認定し、副葬品の有無を確認し、さらにその史的背景を考慮することが肝要である。かかる作業を実施することによって、はじめて偶然に検出された古代なり中世なりの骨蔵器を、遺構との有機的関連性のもとに資料化することが可能となってくる。

㈤　骨蔵器

骨蔵器は、蔵骨器・骨壺などと呼ばれている。火葬骨を収め、そして埋納するための容器である。古代にあっては、金銅・瑠璃・土・石・木製品があり、それは中世以降においても材質的にはほぼ同様の種類がある。形態には、壺・甕・櫃・棺形などのほか塔形のものも認められている。土製品としては、古代に土師器・須恵器・施釉陶器・瓦器・瓦など、中世以降になると六古窯の製品をはじめ舶載陶磁器や在地生産陶器などを使用している例が多い。とくにこれら土製品は、多く日常容器を転用しているものが支配的であり、とくに畿内においては、羽釜・火消壺・瓶子形の出土例が知られている。

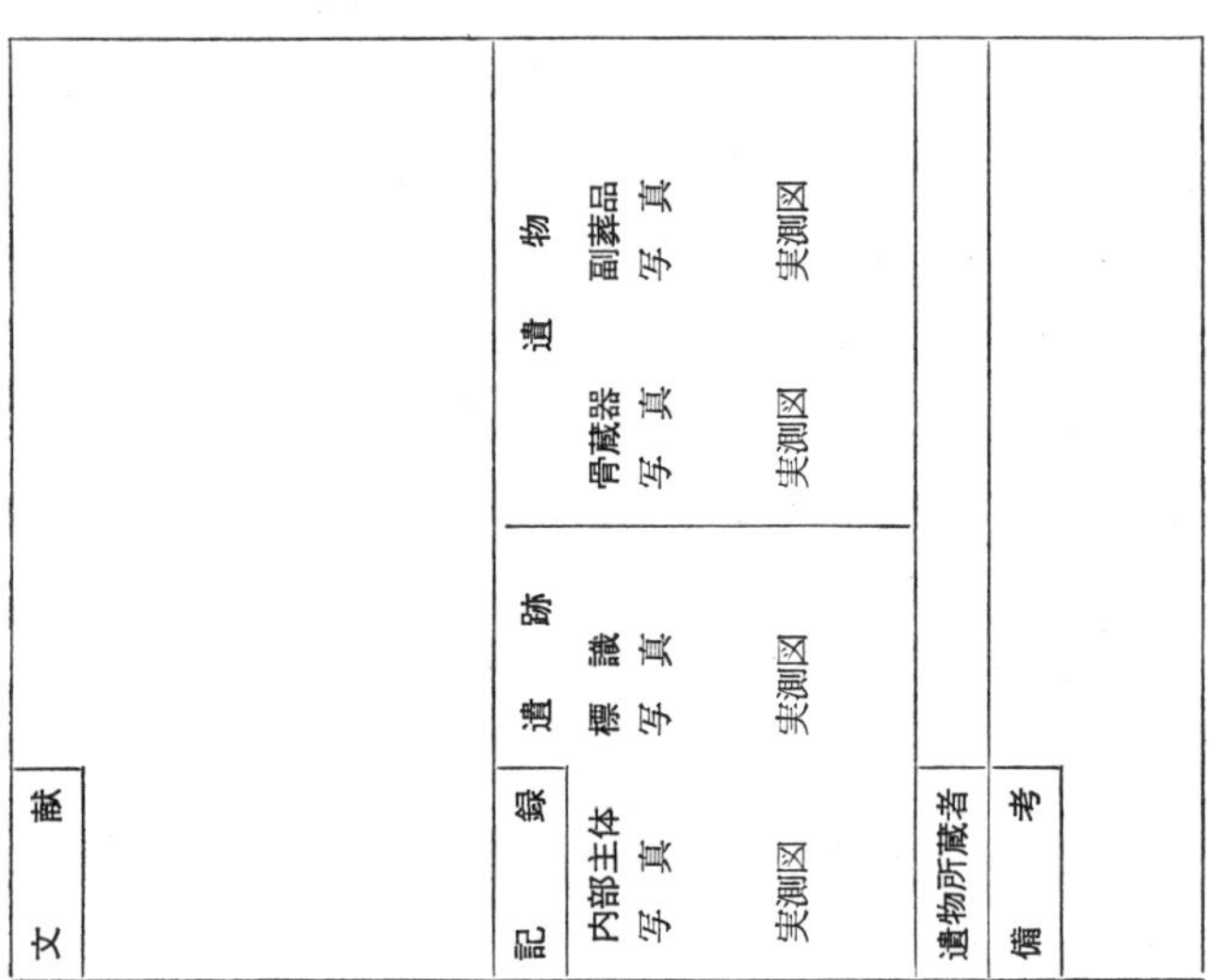

〔　〕　墳墓調査カード

墳墓名		地図	
所在地	都府県（　国）　郡市　町村		
立地		標識	
時代		封土	
遺構		骨蔵器	〔形態〕 壺・甕・筒・瓶子・塔・その他（　） 〔材質〕 金属（金銅・青銅・鉄） 瑠璃・石・木・竹・土（土師器・須恵器・施釉陶器―灰・二彩・三彩―・瓦器・中世陶器＜　＞・近世陶磁器＜　＞） 〔舶載品〕
発見の状態			
副葬品			
付近の遺跡			
発掘年月日		踏査年月日	

文献			
記録	遺跡	遺物	
内部主体 写真 実測図	標識 写真 実測図	骨蔵器 写真 実測図	副葬品 写真 実測図
遺物所蔵者			
備考			

図 18　墳墓調査カードの一例（左は裏面）

㈥　墳墓の調査

すでに墳墓の調査にあたっては、偶然の発見を必然化せしめる努力と方法が肝要であることについて触れた。それは、地上資料としての墓塔・墓碑が多くの場合、研究者にとって直接的に認識され、それの調査方法の如何によっては地域史構成の重要な資料として活用されるのに対して、地下資料としての墳墓の主体部・骨蔵器に関しては計画的な発掘調査あるいは墓地移転などの偶然的機会による検出を除いては、資料の認識が難事であるという性格を有しているからである。

五　塔婆の調査、九　墓標の調査でも指摘するように地上資料の調査方法に対して、墳墓の地下構造の調査は必ずしも容易ではなく、そこにおいてすぐれて考古学的な発掘調査の方法が適用されなければならない。その方法は、古墳などに対する発掘と同じく、より慎重に対処されなければならない。しかし、地域史究明の資料としてはとりあえず、既知の骨蔵器の集成、出土地点の観察と記録、そして対象資料の年代観を確立することが望まれるであろう。

一方、火葬墓でありながら、骨蔵器を有しない例が検出されている。とくに中世以降、各地において土壙中にあるいは河原石を囲んだ石囲遺構中より出土する火葬骨資料が多くなってきている。かかる場合には、木・竹製の骨蔵器の使用を考慮に入れることも必要である。

主体部を石などを用いて構築している例、骨蔵器を用いている例などに対して、このような土壙あるいは単に河原石を添えている例の調査は、今後とも各地において見られるようになるであろうが、それはそれなりに重要である。

墓塔・墓碑と地下の主体部（骨蔵器・土壙など）との有機的関連性を把握することは、とくに共同墓地の場合は難事である。しかし、それは厳密な考古学的調査方法によってある程度の認定は可能であり、現に各地において調査例が増加しつつある。

墳墓の調査は、仏教考古学の研究において進展している分野の一ではあるが、古墳時代以前の墓制研究と比較するとき、かなりの遅れを見せている。それは、墓誌を伴なう例、特殊な骨蔵器を使用した例などに対する研究の深化は認められてはいるものの、全国的に普遍性をもつ一般的な仏教儀式に伴なう墳墓の実態が解明されていないことをこの際とくに注意しておくべきであろう。かかる傾向は古代にとどまらず、中世以降にかけても同様であり、さらに近世墳墓の調査にいたっては、まったく未開拓の分野である現状を指摘しておかなければならない。

墳墓の調査は、従来とかく、その主体部の一つをなす骨蔵器の研究に視点がおかれてきたが、今後における調査は地上資料としての墓塔・墓碑との有機的関連性の把握をはじめとする地下資料としての立場よりする検討が要求されよう。また、墓標の認められない場合には、土壙あるいは骨蔵器・石囲いの状態など遺跡の検討が試みられなければならない。それらの資料の集積によって、はじめて各地に浸透した仏教思想の具象を火葬葬礼を通して歴史的に知ることが可能になってくる。

それは、とくに室町時代以降においては民衆の仏教受容の側面を明瞭に示す役割りをも果たしていることを認識しておくことが必要である。

九　墓標の調査

(一)　墓塔と供養塔

塔婆は、その造立の目的によって墓塔と供養塔とに分けることができる。一般的に石造塔婆＝墓塔と把握されがちであるが、墓塔と認定するにはそれなりの条件を備えたものであることを示す客観的な資料が必要である。確実に墓塔とすることのできる場合は、その造立が墓標としての観点よりなされたことを示す記銘なり、下部にそれと一次的な関係にある墓室・骨蔵器などの存在が認められなければならない。墓地に造立されたものであるから、すべて墓塔として把握される傾向もあるが、実際にはそれが総供養塔的なものであったり、追善供養として後に置かれた例も少なくない。この点について川勝政太郎は「墓塔とは、被葬者の墳墓の上に立てられる塔」であり「墳墓上に立てられ、墳墓の標識を兼ねている場合に、墳墓の供養塔という意味を略して、墓塔と称する。単なる標識ではなく、根本的には供養塔としての意義を持つものである」(『新版考古学講座』六)と説明したことがあるが、この説明は極めて含蓄があり、被葬者の冥福を祈念する供養主体者の願望をこめた造塔として理解すべきことを教えている。したがって、墳墓上に立てられたものでなければ、それは墓塔としての観点より本来的には把握することができないことを示している。

このような墓塔は、古く奈良県高市郡竜福寺の伝竹野王層塔が有名であるが、かなり普遍性をもって造立されるのは中世に入ってのことである。石造塔婆の種類については、五　塔婆の調査で触れたが、塔婆の本来の造立目的が墳墓上に立てられた例は、墓塔として理解される。

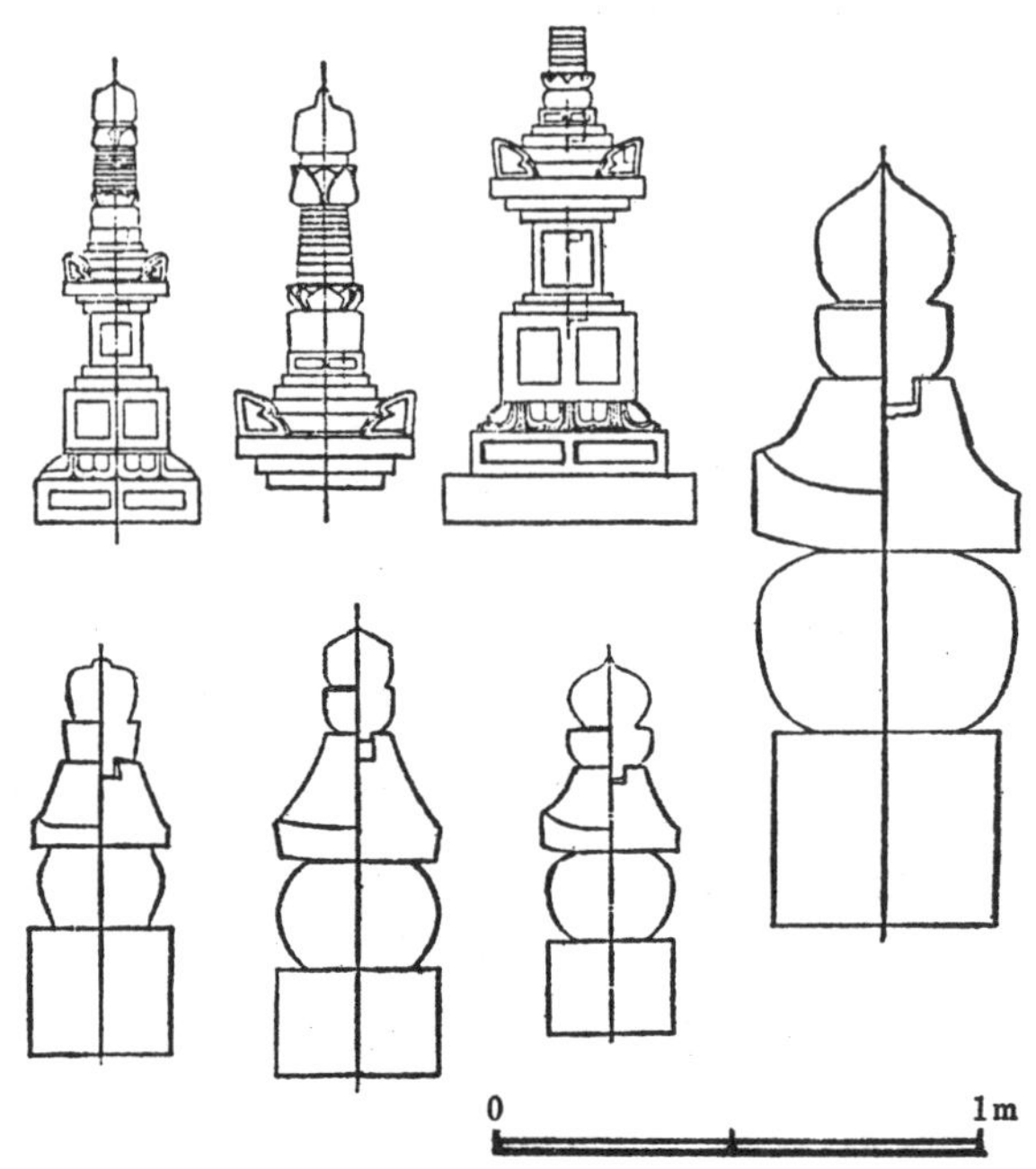

図 19　中世〜近世墓塔実測図（熱海市）（小出義治ほか『熱海市史』より）

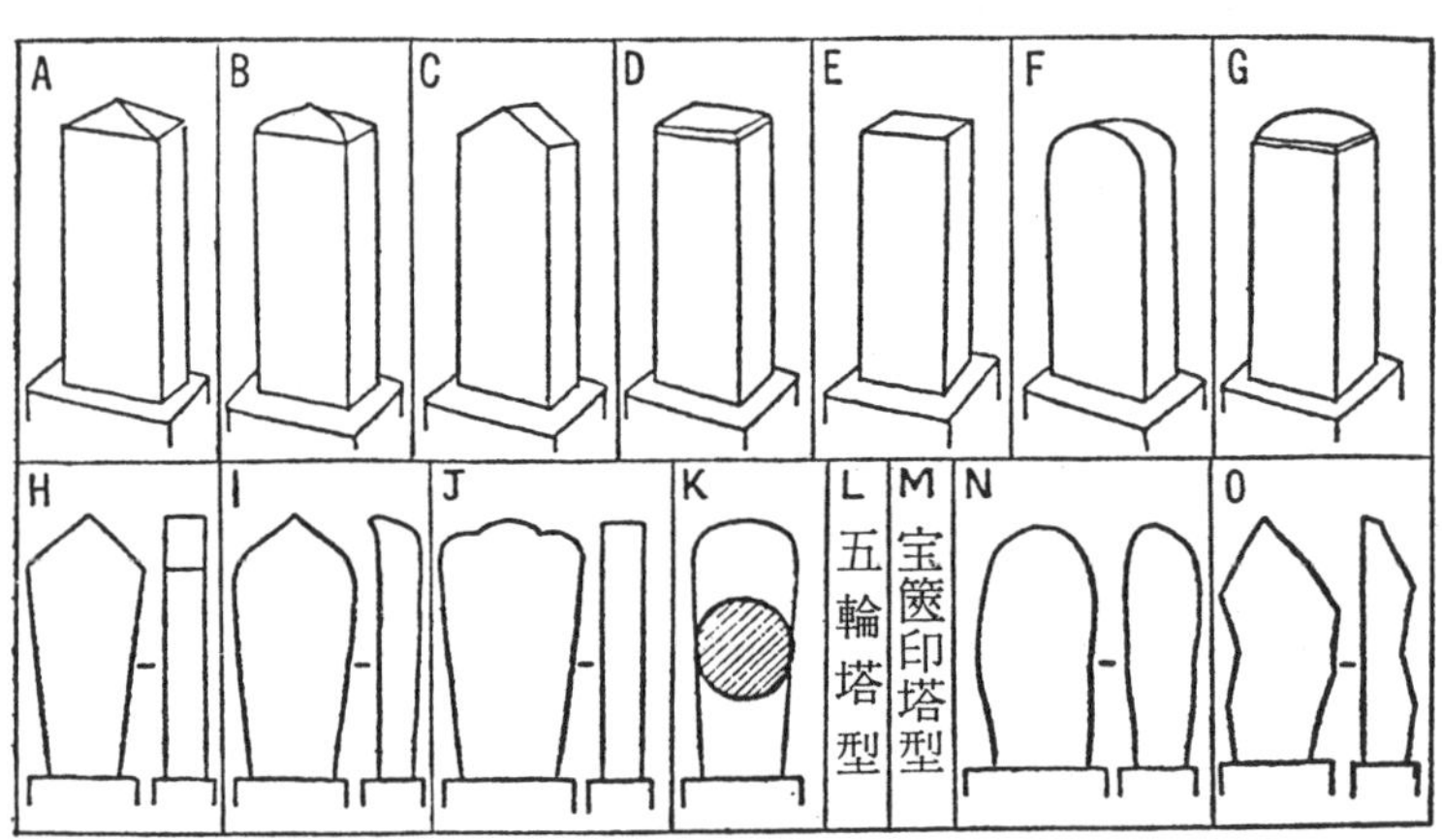

図 20　近世墓標の型式分類図（岩手県平泉町）
（立教大学『Mouseion』より）

それに対し、墳墓上に立てられた標識の形が塔形ではなく、上面が尖頭長方形・半円頭長方形など、断面が方形あるいは半円形状などを呈する形状のもので、頭書・戒名・示寂年月日などが刻されているものは一般に墓碑と呼ばれている。なかには、仏像を墓標としている例もある。

(二)　墓塔の調査

墓塔、とくに石造墓塔は、中世以降、全国に広く造立されたものであり、普遍性をもっている。その調査の方法は、塔婆の場合と基本的には同じであるが、それが明らかに墓塔としての観点より把握されるものであり、かつ在銘資料である場合には、その銘文の内容の検討が要求されるであろう。そこには被葬者の戒名あるいは示寂年月などが刻まれていることもあり、塔婆の形式観の基準となると同時に過去帳の断面の役割りをも果たすことになる。それと同時に個別的に計測と写真撮影、そして群在するときにはそれぞれの存在状態のありかたを客観的に図示することが肝要である。

一般に墓塔は、中世以降に普遍化すると称されているが、実際には中世の後半に入って普遍化する現象が窺われ、そして中世前半の大形墓塔の造立現象に対し小形墓塔の造立が目立ってくる。西日本における小形一石五輪塔の出現、東日本とくに関東における小形板石塔婆（板碑）の普及はその一例として注意される。中世の前半にはとくに有力な在地武士層とか僧侶に大形五輪塔・宝篋印塔形の墓塔が造立され、かかる傾向は近世における大名階層の墓塔に引き継がれていくが、下級武士あるいは庶民階層においては、造立墓塔の小形化の傾向がある。これら墓塔には大形資料に在銘品が多く見受けられるが、小形のものにはわずかに戒名が刻まれたのみのものも多く、その大部分は無銘のものであるといっても過言ではない。

しかし無銘資料ではあっても、それは極めて重要な歴史的所産の一資料としてあつかわれなければならない。従

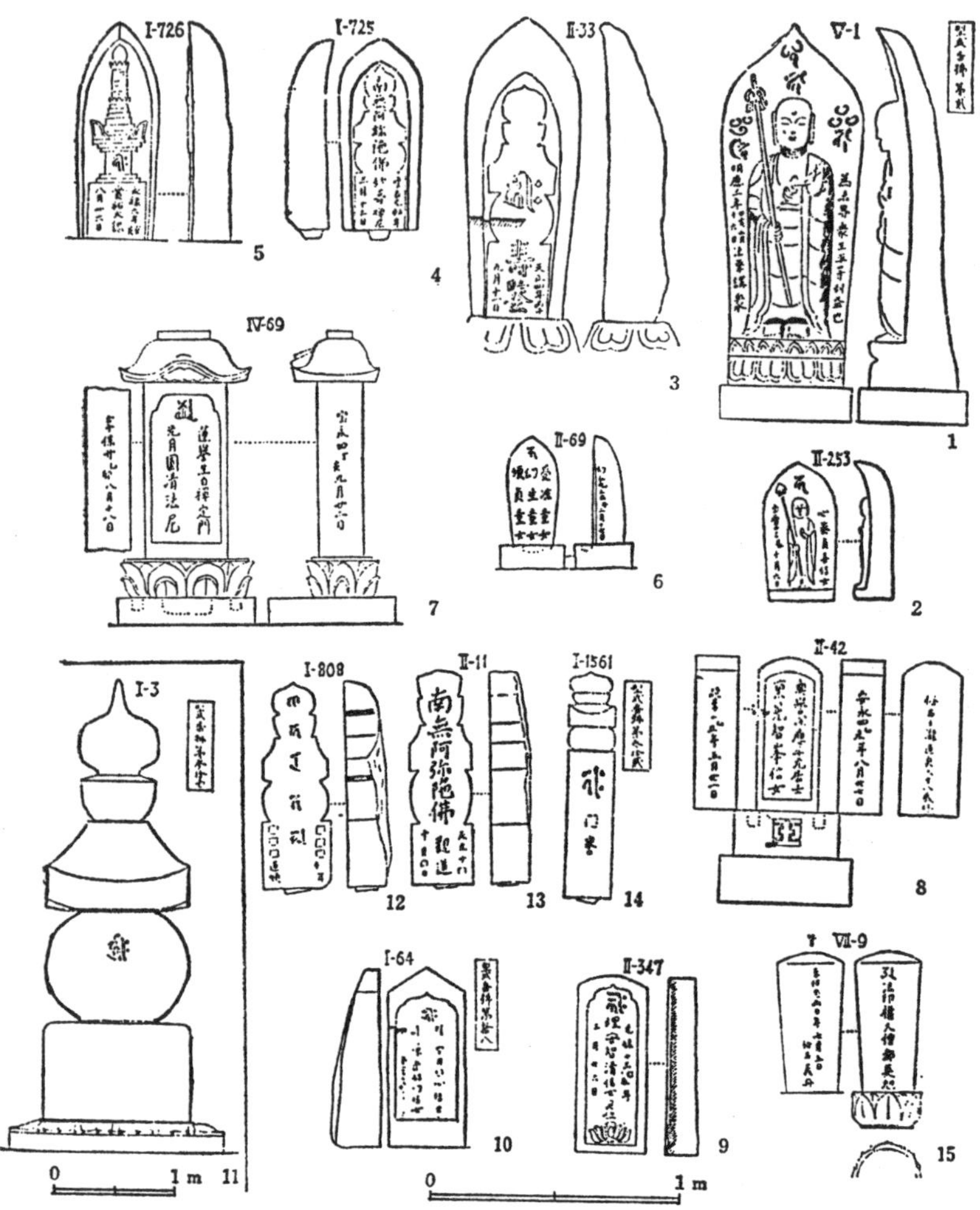

図 21　山城・木津惣墓の墓標実測図
仏像類（1・2）、背光型類（3 ～ 6）、方柱型類（7 ～ 9）、尖頭型類（10）、五輪塔類（11 ～ 14）、無縫塔類（15）（坪井良平「山城木津惣墓墓標の研究」『考古學』10―6 より作図）

来とかく、古いもの、在銘のもの、そして造立当初の形状を保持している資料に調査研究のウエイトがおかれてきているが、新しいもの、無銘のもの、そして断片であっても、それらを等価値資料として正しく評価することが望まれる。たとえ五輪塔の空輪部分一つであっても地域史究明の素材としての観点より把握することが期待される。このような傾向は、最近各地で行なわれている地域史の編さんに際して留意されてきているところであり、たとえば田岡香逸が福沢邦夫と協力して完成した労作『伊丹市史』第六巻の「中世伊丹の石造美術」など、おおいに参考とすべきものであり、中世墓塔・墓碑調査の一つの指針となるべきものであろうと思われる。

(三) 墓標の重要性

墓標の調査研究は若干の意欲的な先行調査を除けば、極めて寂寂たるものがある。墓塔を含めた墓標の出現のありかたを展望するとき、それは中世の後半に集中的に顕現してくるようである。かつて、坪井良平は、二年半余にわたり独力をもって京都府木津の惣墓を調査し、その調査成果を「山城木津惣墓墓標の研究」としてまとめた（『考古學』一〇―六）

墓標調査カード

〔　　〕　　　　　　　　　　（　　）

所在地			
墓地名（寺院名）	（宗派：　）	時代	
墓標の種類		材質	
銘文	〔頭書〕	形状	
		（実測図・写真）	
		文献	
		所有者	
備考		調査年月日	

図 22　墓標調査カードの一例（裏面にグラフ用紙―実測図）

（図21）。坪井が調査確認した三、三〇五基の墓標は、一 仏像類、二 背光型類、三 尖頭型類、四 方柱型類、五 五輪塔類、六 無縫塔類、七 その他に型式分類され、さらにそれぞれを細別して変遷の実態を明らかにした。その結果、木津惣墓の年代は上限を鎌倉時代に遡るが、普遍性をもって墓標が出現するのは、室町時代の中頃以降のことであり、ほぼ四〇〇年間にわたって営まれたもので、主としてその前半に背光型類が、後半に方柱型類が造立流行の主体であったことが判明し、その中間に尖頭型類が位置し、仏像類・五輪塔類・無縫塔類は、全期間に存在するという事実を明らかにした。この調査は、墓標研究の白眉として高く評価されているが、いまだ追従研究の見られぬことは淋しい。わずかに田中健司によって西の叡山といわれる『書写山円教寺歴代墓塔の研究』（一九六九）が公けにされたことは、調査の方法などにおいて坪井には及ばないと評されているとはいえ注目すべき業績であった。その後、近世墓地の発掘例が各地で見られるようになった今後の調査例の増加が期待されている。

(四) 墓標の調査

墓標の調査は、すでに紹介した坪井調査例のごとく、一地域の墓地を徹底的に調査しつくすことを目的として開始されることが必要である。その調査を遂行することによって地域性の把握はもとより、墓標型式の変遷をたどることが可能である。

墓標型式の分類についてはまだ定まった研究とてないが、いちおう坪井提案の型式観を指針として、今後ともさらに細分化され、地域的特性が明らかにされてくるであろう。

墓標の型式観とあわせて重要なことは、墓標に見える頭書の種類とその意義の解明である。頭書には、「帰真」「帰本」「帰元」「円寂」のごとき仏教教理にもとづく語、「空」「喝」「咄」という禅宗的なもの、「卍」「歿」のごとき吉祥万徳語、さらに「烏八臼」のような曹洞宗独自のものも見られる。また、「物故」「逝去」「捐館」「掩粧」など寂滅を示す例、各種の種子、題目など普遍的にみられる例もある。

今後における調査は、墓標型式の把握とその年代的推移、造立の階層、頭書の種類と宗派と被葬者との関係、そしてそれらの地域性と特色の把握などがなされなければならないであろう。

墓標の調査は、津々浦々にその資料が存在しているという性質よりして、手近な親しみやすい研究対象である。その成果は、地域史の解明をはじめ、仏教考古学の研究にとって極めて重要ではあるが、未開拓の分野として残されている。

十　主要文献案内

仏教考古学の調査研究には、仏教関係の一応の知識が要求されることはここで改めて指摘するまでのこともない。仏教それ自体の研究は、仏教学の研究成果を紐解くまでもなく、極めて多岐にそして深く実施されている。それらのすべてにわたって通暁することは、考古学の研究者にとって不可能である。しかし、仏教一般に対する認識と関係事項調査の方法について知ることは必要であろう。そこで、まず、仏教の一般的理解、および日本の仏教考古学の調査研究に際して一読あるいは座右に備えるに便利な必要最低限の著書について触れておきたい。

㈠　一　般

仏教の入門書類については、その数夥しく、いずれも専門家の労作であるが、現在、入手し易くかつ一般向きの書として挙げられるのは、山口益・横超慧日・安藤俊雄・舟橋一哉共著『仏教学序説』(一九六一)であろう。本書の刊行以前に境野黄洋『佛教学概論』(一九三六)、宇井伯寿『佛教汎論』(一九四九)などをはじめとして多くの概論もあるが、山口などの序説は、斯界の碩学の労著であるだけに初学者にとって極めて有用である。(一)宗教としての仏教、(二)仏陀とは、(三)仏陀のさとりとその内容、(四)大乗の仏道体系、(五)仏教受容の種々相、(六)聖典の成立とその伝播、(七)仏教の歩み、(八)現代思潮と仏教、の八章より構成され、とくに(六)(七)はインド・中国・日本に細別して説かれている。なお、入門書としては、渡辺照宏『仏教』(一九五六、岩波新書)が適当である。

仏教考古学に関する事・辞典としては、坂詰秀一編『仏教考古学事典』(二〇〇三、新版二〇一五)、中村元編『図説佛教語大辞典』（一九八八）と中村元・久野健編『仏教美術事典』（二〇〇二）がある。仏教辞典として大部なものに龍谷大学編『佛教大辞彙』全六巻（一九三五）、望月信亨編『望月佛教大辞典』全一〇巻（一九五五、世界聖典刊行協会）の二大辞典および中村元『佛教語大辞典』全三巻（一九七五）があるが、座右に置いて手頃な中辞典に織田得能『織田佛教大辞典』（一九七四）、小辞典に宇井伯寿監修『佛教辞典』（一九三八・一九五三）、多屋頼俊・横超慧日・舟橋一哉編『仏教学辞典』（一九五五）、中村元監修『新・佛教辞典』（一九六二）、中村元・福永光司・田村芳朗・今野達・末木文美士編『岩波仏教辞典』（第二版、二〇〇二）がある。それぞれ特色があるが、佐和隆研編『密教辞典』（一九七五）、金岡秀友編『仏教宗派辞典』（一九七四）、藤井正雄編『仏教儀礼辞典』（一九七二）、水野弘元監修、中村元・平川彰・玉城康四郎編『新・仏典解題辞典』（一九六六）は手元に備えると便利である。また仏書解題専門の辞典に『佛書解説大辞典』全一三巻（一九六四・一九七五・一九七八）がある。小野玄妙を中心として一九三二年より一九三五年にかけて初版本一一巻が刊行され、ついで一九七五・一九七八年に丸山孝雄を編集主任として一二・一三巻の増補が刊行された。一～一一巻には、一九三二年一〇月以前の刊行書、一二・一三巻には一九三二年一〇月より一九六五年一二月の間に刊行された書を収録している。収録された仏教典籍は実に九七、三〇〇余冊にのぼり、斯界唯一の文献解題辞典である。とくに一二・一三巻には、単行本として刊行された考古学関係の研究報告書をほぼ収めている。

年表については、一般の歴史年表以外、仏教史を内容とする橋川正編『新撰日本仏教年表』（一九三二）、『望月佛教大辞典』第六巻大年表（一九五五）があり、手頃なものとして山崎宏・笠原一男編『仏教史年表』（一九七九）、笠原一男編『日本宗教史年表』（一九七四）、三枝充悳『仏教小年表』（一九七三）が刊行されている。

日本の各宗ごとの辞典・年表の類として参考にされるべき文献には、『浄土宗大辞典』三巻（一九七四・一九七六）、岡村周薩編『真宗大辞典』全三巻（一九七二）、無着道忠『禅林象器箋』（一七一五撰、一九六三）、『禅学大辞典』全

三巻（一九七八）、日蓮宗事典刊行委員会『日蓮宗事典』（一九八一）などの辞・事典、渋谷慈鎧編『訂正日本天台宗年表』（一九七三）、守山聖真編『真言宗年表』（一九七三）、大谷大学編『真宗年表』（一九七四）、森大狂『日本禅宗年表』（一九七四）、影山尭雄編『新編日蓮宗年表』（一九八九）などの年表がある。

仏教史関係の文献としては、中村元・笠原一男・金岡秀友編『アジア仏教史』全二〇巻（一九七二〜七六）がある。インド編六巻、中国編五巻、日本編九巻より構成されているもので、仏教展開の全容を把握するのに適している。日本仏教史については、辻善之助『日本仏教史』全一〇巻（一九六九〜七〇）および家永三郎・赤松俊秀・圭室諦成監修『日本仏教史』全三巻（一九六七）がある。仏教史の辞典には大野達之助編『日本仏教史辞典』（一九七四）、今泉淑夫編『日本仏教史辞典』（一九九九）、鎌田茂雄編『中国仏教史辞典』（一九八一）があり、業績一般については歴史関係の雑誌類（『史学雑誌』・『仏教史学』・『日本宗教史研究年報』など）に詳しい。仏教学関係の目録として龍谷大学図書館編『仏教学関係雑誌論文分類目録（昭和六〜三〇）』（一九七三）、龍谷大学仏教学研究室編『仏教学関係雑誌論文分類目録（昭和三一〜四四）』（一九七四）などが刊行されている。

仏教考古学に関する講座としては、『佛教考古學講座』全一五巻（一九三六〜三七、同部分覆刻・全四巻一九七〇〜七一）と石田茂作監修『新版仏教考古学講座』全七巻（一九七五〜七七）がある。二講座に収録されている論文は次の通りである。

佛教考古學講座

第一巻　佛教考古學概論（柴田常恵）大蔵経概説（常盤大定）造像法概論一（逸見梅栄）仏像鋳造法（香取秀真）日本の仏教建築概説（塚本靖）禅宗の寺院建築（田辺泰）墳墓概説（後藤守一）真言の行事作法一（神林隆浄）

第二巻　飛鳥時代の仏像仏画・上（内藤藤一郎）宝篋印塔（跡部直治）上代に於ける法要行事（堀一郎）真言の行

第三巻　事作法二（神林隆浄）仏教秘事（竹園賢了）民間仏教習俗（杉浦健一）種子（服部清道）
第四巻　版経（禿氏祐祥）飛鳥時代の仏像仏画・下（内藤藤一郎）初期天台真言寺院の建築・上（福山敏男）宝塔—多宝塔—（跡部直治）宮庭と貴族の仏教生活（筑土鈴寛）現代各宗の行事作法一（吉田龍英）
第五巻　造像法概論二（逸見梅栄）華鬘（廣瀬都巽）明治大正昭和仏教建築史（藤島亥治郎）現代各宗の行事作法二（工藤敏見）
第六巻　日本浄土教芸術の概観一（望月信成）香炉（佐野真祥）数珠・如意（八木直道）板碑（稲村坦元）禅宗の行事作法（圭室諦成）仏教音楽（大山公淳）修験道の行事作法一（村上俊雄）
第七巻　仏教各宗の経典（常盤大定）埋経（蔵田蔵）雲版（久保常晴）位牌（跡部直治）盆火の行事（池上広正）
第八巻　仏師伝（小野玄妙・朝日道雄）香炉・錫杖（上原元節・前田泰次）奈良時代の墳墓（後藤守一・森貞成）修験道の行事作法二（村上俊雄）
第九巻　写経（大屋徳城）仏像仏画の起源一（松本文三郎）奈良仏教の美術（源豊宗）鰐口（久保常晴）
第一〇巻　仏像仏画の起源二（松本文三郎）我が銅磬の研究（廣瀬都巽）浄土真宗の寺院建築（藤原義一）
第一一巻　経塚（矢島恭介）装演（関根竜雄）仏像仏画の起源三（松本文三郎）日本浄土教芸術の概観二（望月信成）造像法概論三（逸見梅栄）
第一二巻　密教の仏像仏画一（春山武松）古代仏像の人類学的研究（石崎達二）幡（岡田至弘）無縫塔（跡部直治）各宗の行事作法の由来（諸戸素純）
第一三巻　日本浄土教芸術の概観三（望月信成）仏像彫刻法（明珍恒男）南都六宗寺院の建築（足立康）仏教教育史攷（石津照璽）叡山の法儀—天台の行事作法—（獅子王円信）
第一三巻　仏像概論（小野玄妙）密教法具概説（石田茂作）日本仏寺建築の源流（伊東忠太）

第一四巻　仏像概論―補記―・日本仏像概説（小野玄妙）密教の仏像仏画三（春山武松）禅宗の美術（源豊宗）日蓮宗寺院の建築（藤島亥治郎）

第一五巻　密教の仏像仏画三（春山武松）禅宗の美術二（源豊宗）墓碑（中島利一郎）法要行事概説（宇野円空）参考篇※（編輯局編）天台真言の寺院建築・下（大岡実）

※参考篇目次：一　宗教批判の態度の考察、二　高僧名著解説、三　仏教に現われたる国文学、四　仏教事跡一覧

新版仏教考古学講座

第一巻　総説Ⅰ仏教考古学の概念（石田茂作）Ⅱ仏教考古学の発達（坂詰秀一）Ⅲ仏教の遺跡と遺物（望月董弘・稲垣晋也）Ⅳ特論・インドの仏教（中村瑞隆）中国の仏教（塚本善隆）朝鮮の仏教（江田俊雄）日本の仏教（花山信勝）修験道と仏教（宮家準）神道と仏教（景山春樹）

月報：鎌倉仏師と造像資料を求めて（三山進）十三宝塚遺跡は寺跡か官衙跡か（三輪嘉六）仏教遺跡の旅（坂詰秀一）

第二巻　寺院Ⅰ総説（石田茂作）Ⅱ寺院跡（斎藤忠）Ⅲ遺物・瓦塼（稲垣晋也）鎮壇具（中野政樹）その他の寺院跡出土遺物（森郁夫）Ⅳ日本各地の寺院跡・近畿（稲垣晋也）中国・四国（松下正司）九州（小田富士雄）中部（望月董弘）関東（坂詰秀一）東北（伊東信雄）Ⅴ特論・伽藍配置の研究（石田茂作）国分寺跡（滝口宏）山岳寺院（藤井直正）瓦窯（大川清）主要文献解題（坂詰秀一）

月報：川原寺とその裏山の遺跡（網干善教）寺史研究への提言（中尾堯）中世寺院跡の発掘（坂詰秀一）仏教遺跡の旅（坂詰）

第三巻　塔・塔婆Ⅰ総説（石田茂作）Ⅱ木造塔（下沢剛）Ⅲ石塔（日野一郎）Ⅳ日本各地の仏塔・近畿（田

岡香逸）中国・四国（福沢邦夫）九州（多田隈豊秋）中部（池上勝次）関東（日野一郎）東北（奈良修介）Ⅴ特論・東洋各地の仏塔（杉山信三）舎利とその容器（中野政樹）瓦塔（石村喜英）小塔（木下密運）板碑（千々和實）庶民信仰（五来重）位牌（久保常晴）主要文献解題（日野一郎）

月報：インドの仏舎利塔（大岡実）仏塔研究の思い出（川勝政太郎）仏教遺跡の旅（坂詰秀一）

第四巻

仏像Ⅰ総説（石田茂作）Ⅱ仏像の起源および発達（杉山二郎）Ⅲ仏像の表現形式・彫刻（西川新次）絵画（石田尚豊）Ⅳ仏教図像学・顕教系図像仏（杉山二郎）密教系図像仏（石田尚豊）手印（石田尚豊）仏像の持物（石田尚豊）Ⅴ特論・高僧の僧（杉山二郎）禅宗系美術について（竹内尚次）垂迹系美術について（中村渓男）仏伝文学の造形的表現（杉山二郎）仏教世界観の造形的表現（真鍋俊照）胎内納入品（上原昭一）日本の仏足石（加藤諄）仏の種子（三井奝円）仏の三昧耶形（石田茂作）仏像名の変遷について（石田茂作）主要文献解題（杉山二郎）

月報：〝仏像調査〟所感（田辺三郎助）写真測量からみた仏像（長谷川誠）仏教遺跡の旅（坂詰秀一）

第五巻

仏具Ⅰ総説（石田茂作）Ⅱ仏具の種類と変遷・荘厳具（岡崎譲治）供養具（中野政樹）梵音具（香取忠彦）僧具（光森正士）密教法具（岡崎譲治）Ⅲ特論・修験道の用具について―姿態装束器用のこと―（矢島恭介）鎌倉新仏教各宗の仏具―供養具・梵音具―（久保常晴）主要文献解題（岡崎譲治）

月報：敦煌石窟の仏具について（坂輪宣敬）出土仏具概観（安藤孝一）仏教遺跡の旅（坂詰秀一）

第六巻

経典・経塚Ⅰ総説（石田茂作）Ⅱ経典・経典概論（兜木正亨）写経（田中塊堂）版経（兜木正亨）Ⅲ経塚・経塚概論（保坂三郎）経塚の遺物（三宅敏之）遺跡と遺構（三宅敏之）Ⅳ特論・信仰と経典（兜木正亨）経塚の分布（三宅敏之）如法経と経塚（兜木正亨）経塚遺物年表（三宅敏之）主要文献解題（兜木正亨・三宅敏之）

第七巻　**月報**：影青の合子（長谷部楽爾）四天王寺如法写経会と経供養会（出口常順）仏教遺跡の旅（坂詰秀一）
墳墓Ⅰ総説（石田茂作）Ⅱ火葬墓の類型と展開（久保常晴）Ⅲ日本各地の墳墓・序説（久保常晴）近畿（森郁夫）中国・四国（是光吉基）九州（渋谷忠章・上野精志）中部・北陸（遮那藤麻呂）関東（野村幸希・川原由典）東北（恵美昌之・吉田幸一）北海道（加藤邦雄）Ⅳ特論・墓地と火葬場（久保常晴）墓碑・墓誌（石村喜英）骨蔵器（坂詰秀一）墳墓堂（日野一郎）主要文献解題（佐藤安平）
月報：中世禅僧墓制研究への思い出—華報寺調査よりの遍歴—（中川成夫）山畑遺跡（小出義治）仏教遺跡の旅（坂詰秀一）

仏教考古学関係の論文集として石田茂作『佛教考古學論攷』（六巻、一九七七・七八）、久保常晴『佛教考古學研究』（三冊、一九六七・七七・八三）、石村喜英『仏教考古学研究』（一九九三）、網干善教『佛教考古学研究』（二〇〇三）がある。仏教考古学文献目録は、日本考古学協会編『日本考古学年報』（年刊）に年度ごとの関係文献目録が掲載されているが、とくに、美術研究所編『東洋美術文献目録』（明治以降・一九三五まで）、同『日本東洋古美術文献目録』（一九三六〜六五）、および仏教美術調査専門委員会編『仏教美術文献目録』（一九六〇〜六九）を参照されると便利である。また、石造美術に関する専門誌として知られる『史迹と美術総合目録』（一〜四五〇）、仏教考古学関係論文を多く掲載している『考古学雑誌総目録』一（『考古學會雑誌』一—一〜三—四、『考古』一—一〜七、『考古界』一—一〜八—一二、『考古学雑誌』一—一〜三〇—一二）、『考古学雑誌総目録』二（三一—一〜六〇—四）など、各種雑誌の目録が公けにされているので前記目録と併用されると有用である。

(二)　寺院跡関係

日本における寺院跡の調査研究を試みる場合、その源流と展開についての知見をもつことも必要である。仏教の故地インドにおける寺院の初期的形状について纏められた高田修「僧院と仏塔―インドにおける伽藍の形成―」「インドの石窟寺院」（『佛教美術史論考』一九六九）は研究の現状展望をも含むものであり、視野を拡めて概述した西川幸治「仏教寺院の形成と展開―インドからガンダーラ・バクトリアまで―」（『建築雑誌』一九六九年一月号）とともに必読の文献といえよう。また、S. Dutt *"Buddhist Monks and Monasteries of India"*（一九六二）と D. Mitra *"Buddhist Monuments"*（一九七一）、平岡三保子『インド仏教石窟寺院の成立と展開』（二〇〇九）の三書はインド古代寺院の実態を知るうえで重要な文献といえよう。いわゆる西域の寺院については、熊谷宣夫「西域の美術」（『中央アジア仏教美術』西域文化研究五、一九六二）「西域仏寺の伽藍配置に関して」（石田博士頌寿記念『東洋史論叢』一九六五）に概観されている。中国については、田中豊蔵「支那仏寺の原始形式」（『美術研究』一六、一九三三）、村田治郎「中国伽藍配置の遡源」（『仏教芸術』一六、一九五二）「中国の初期伽藍配置」（『日本歴史考古学論叢』一九六六）があり、石窟寺院については国家文物局教育処『佛教石窟考古概要』（一九九三）、宿白『中國石窟寺研究』（一九九六）がある。

朝鮮半島の寺院跡については、李興範『韓国古代伽藍の研究』（二〇〇三）、藤島亥治郎『韓の建築文化』（一九七六）、金元龍〈西谷正訳〉『韓国美術史』（一九七六）、秦弘燮「百済寺院伽藍制度」（『百済研究』二、一九七一）に一応の纏めがなされている。朝鮮半島と日本の古代寺院の関連性について説いた藤澤一夫「古代寺院の遺構に見る韓日の関係」（『アジア文化』八―二、一九七一）は、北野耕平「日本における壇上積基壇の成立と初期の新羅系要素」（『新羅と飛鳥・白鳳の仏教文化』一九七五）とともに半島と日本の寺院形態を考えるうえに一読する必要があろう。

日本の古代寺院跡について総合的に論じたものには次のごとき文献がある。石田茂作「伽藍配置の変遷」（『日本考古学講座』六、一九五六）、上原真人「仏教」（『岩波講座日本考古学』四、一九八六）、福山敏男「日本建築史・古代・

寺院」（『建築学大系』六、一九五六）、村田治郎「初期伽藍配置の展開過程」（『史迹と美術』三〇—七、一九六〇）「初期伽藍配置の問題その後」（『史迹と美術』四〇—八、一九七〇）、浅野清「先進地域における寺院の成立と展開」（『日本の考古学』七、一九六七）「寺院遺跡—上・下—」（『仏教芸術』八〇・八二、一九七一）、鈴木嘉吉「埋もれた寺院」（『世界考古学大系』四、一九六一）「地方寺院の成立と展開」（『日本の考古学』七、一九六七）、滝口宏「古代寺院の占地と伽藍配置」（『新版考古学講座』八、一九七一）、斎藤忠『日本古代遺跡の研究—総説—』（一九六八）。これらのなかで、斎藤の書は、文献目録と地名表が添付され、古代寺院跡研究の入門書としても活用される。統括的研究としては、森郁夫『日本古代寺院造営の研究』（一九九〇）、小笠原好彦『日本古代寺院造営氏族の研究』（二〇〇五）。飛鳥時代については、石田茂作『飛鳥時代寺院址の研究』二冊（一九三六）『総説飛鳥時代寺院址の研究』（一九四四）、田中重久『聖徳太子御聖蹟の研究』（一九四四）『奈良朝以前寺院址の研究』（一九七八）と福山敏男「聖徳太子時代の寺院」（『日本建築史研究』一九六八）などがある。大岡実『南都七大寺の研究』（一九六六）、浅野清『奈良時代建築の研究』（一九六九）など建築史関係の著書も重要である。

奈良時代では国分寺の研究を中心として各地で寺院跡の調査が進んでいる。国分寺については、角田文衞編『国分寺の研究』上・下（一九三八）『新修国分寺の研究』（一～七、一九八六～九七）—一　東大寺と法華寺、二　畿内と東海道、三　東山道と北陸道、四　山陰道と山陽道、五　上・南海道、下・西海道、六　総括、七　補遺—、堀井三友『国分寺址之研究』（一九五六）、須田勉・佐藤信編『国分寺の創建』（思想・制度編二〇一一、組織・技術編二〇一三）があり、発掘調査の成果をもとに論じられているものに石田茂作『東大寺と国分寺』（一九五九）「国分寺跡の発掘と研究」（『新版考古学講座』六、一九七〇）、坪井清足「近年発掘調査された諸国の国分寺」（『仏教芸術』七、一九六九）、斎藤忠「国分僧寺跡・尼寺跡」（『日本考古学の現状と課題』一九七四）、滝口宏「国分寺跡」（『新版仏教考古学講座』二、一九七五）、須田勉『国分寺の誕生』（二〇一六）などがある。

中世以降の寺院跡については、横山秀哉『禅の建築』（一九六七）などを参考にして進めることが必要である。また、山岳寺院跡については、景山春樹「山岳寺院跡」（『仏教考古学とその周辺』一九七四）、藤井直正「山岳寺院」（『新版仏教考古学講座』二、一九七五）が纒っている。各地域における寺院跡調査の現状を知るには『新版仏教考古学講座』第二巻寺院に収録されている「日本各地の寺院跡」が参考になる。

寺院跡の調査研究に際して不可欠の知識の一に、建築用材としての瓦の問題がある。文献記録の欠を補って寺院遺構の創建・展開・廃絶の時期を決める瓦の研究は、古くより実施され、指針的文献も多い。なかでも関野貞「瓦」（『考古学講座』五・九、一九二八）は石田茂作『古瓦圖鑑』（一九三〇）と並んで古典的著作であり、奈良国立博物館『飛鳥白鳳の古瓦』（一九七〇）、大川清編『住田正一蒐集古瓦図録』（二〇〇七）、奈良国立文化財研究所基準資料―瓦編―』（一九七四〜）、平安博物館『平安京古瓦図録』（一九七七）、井内古文化研究室『鬼面紋瓦の研究』（一九六八）などは豊富な図版の解説にあわせて総括的な研究論文をも収録し、また、上原真人「瓦を読む」（『歴史発掘』一一、一九九七）、山崎信二『中世瓦の研究』（二〇〇〇）、中世瓦研究会（小林康彦）編『中世瓦の研究』（二〇〇〇）も最近の研究を知るために有用である。半島との関係を瓦当文様などより論じた石田茂作「古瓦より見た日鮮文化の交渉」（『考古學評論』三、一九四一）と藤澤一夫「日鮮古代屋瓦の系譜」（『世界美術全集』二、一九六五）は、瓦研究の方法論を学ぶうえにも一読したい。瓦の生産については、島田貞彦『造瓦』（一九三五）、小林行雄『続古代の技術』（一九六四）、藤澤一夫「造瓦技術の進展」（『日本の考古学』六、一九六七）、大川清『日本の古代瓦窯』（一九七二）、木村捷三郎『造瓦と考古学』（一九七六）を挙げておきたい。

㈢　塔婆関係

塔婆についての研究は、インドをはじめ東洋各地の仏教伝播地において進められてきた。インドにおいては杉本卓洲『インド仏塔の研究』（一九八四）、高田修「インドの仏塔と舎利安置法」（『佛教美術史論考』一九六九）が重要であり、豊富な文献が引用されており、インド仏塔研究の手掛りがあたえられよう。天沼俊一『印度佛塔巡礼記』二巻（一九四五）は、インド・ネパールなどの仏塔の実態を紹介しているので便利である。また、寺院跡項で触れたS. Dutt とD. Mitra の著書も参考にすべき点が多い。中国については、村田治郎『支那の佛塔』（一九四〇）が纏った著作であるが、関野貞・常盤大定『支那佛教史蹟』（一九二五〜二八）に収録された各地仏塔の資料も参考になる。朝鮮半島については、関野貞『朝鮮の建築と芸術』（一九四一）、杉山信三『朝鮮の石塔』（一九四四）、米田美代治『朝鮮上代建築の研究』（一九四四）、藤島亥治郎『韓の建築文化』（一九七六）、斎藤忠『朝鮮古代文化の研究』（一九四三）『朝鮮仏教美術考』（一九四七）、高裕燮『朝鮮塔婆の研究』（一九七八）など重要な塔関係所見を盛った概括的なものであり、その他、軽部慈恩『百済美術』（一九四六）、斎藤忠『新羅文化論攷』（一九七三）に百済・新羅の塔についての見解が収められている。また、金元龍〈西谷正訳〉『韓国美術史』（一九七六）は、最近における調査の成果を盛りこんだ力作である。杉山信三「東洋各地の仏塔」（『新版仏教考古学講座』三、一九七六）は、朝鮮・中国・西域・インド・東南アジアの仏塔について概観したものであり、各地域における塔婆の概要を知るうえに便利なものである。

日本仏塔については、石田茂作『日本佛塔の研究』（一九六九）の総括的研究書がある。本書は、日本仏塔の源流を展望したうえで、塔の類型を一八種に分類して、それぞれの起源・形態・性格にわたって論じたものであり、日本仏塔研究の指針書として重要である。木造塔については建築史の立場より濱島正士『日本仏塔集成』（二〇〇一）など多くの研究があるが、中心礎石については考古学の側よりの研究が注目される。石田茂作「塔の中心礎石に就いて」（『考古學雑誌』二二―二・三、一九三二）、田中重久「塔婆心礎の研究」（『考古学』一〇―六、一九三九、後、補正稿『聖徳太子御聖蹟の研究』一九四四に収録）などがあり、塔心礎と基壇一辺長との相関関係が説かれている。

考古学の立場で研究が進められているのは石造塔である。川勝政太郎の『石造美術』（一九三九）『日本石材工芸史』（一九五七）『石造美術入門』（一九六七）『日本石造美術辞典』（一九七八）などは、川勝の主張する石造美術の観点より纏められたものであり、田岡香逸『石造美術概説』（一九六八）、小野勝年『石造美術』（一九七〇）は石造文化財調査研究所編『石造文化財への招待』（二〇一一）と『日本石造仏辞典』（二〇一二）と共に石造塔研究の基本的文献である。また、日野一郎「石塔」（『新版仏教考古学講座』三、一九七六）は、石造塔を概括した好論である。

塔形ごとの文献としては、その基本的な文献として次のものが参考となろう。

宝篋印塔については、跡部直治「宝篋印塔」（『佛教考古學講座』一、一九三六）のほか、薮田嘉一郎『宝篋印塔の起源』（一九六六、補考、一九七二）、日野一郎「宝篋印塔形式の発達とその地方相」（『古代文化』一二―八〜一二、一九四一）、川勝政太郎「関東型式宝篋印塔の成立」（『鎌倉』四、一九五九）、古河功『石造宝篋印塔の成立』（二〇〇〇）があり、五輪塔については、小林義孝「五輪塔の造立目的」（帝京大学山梨文化財研究所報告一〇、二〇〇二）「五輪塔の成因・形成・日本展開」（立命館大学考古学論集Ⅲ、二〇〇三）と薮田嘉一郎編『五輪塔の起源』（一九五八）に川勝政太郎「平安時代の五輪塔」、佐々木利三「五輪塔の成立形期に関する一知見」、村田治郎「五輪塔の形の起源」、薮田嘉一郎「五輪塔の起源」の五論文、『続五輪塔の起源』（一九六六）に田岡香逸「石造五輪塔初現の年代について」、千々和實「初期五輪塔の資料三題」、薮田嘉一郎「続五輪塔の起源」の三論文がそれぞれ収録され、起源論研究に関する見解を瞥見するのに便利である。

宝塔については、跡部直治「宝塔・多宝塔」（『佛教考古學講座』三、一九三六）は概説、宝塔の研究は小林義孝「中世石造宝塔の性格」（立命館大学考古学論集Ⅱ、二〇〇一）、天沼俊一『国東塔講話』（一九一九）は、地域的展開をなしている国東塔研究の文献として注意すべき文献である。また、無縫塔については、跡部直治「無縫塔」（『佛教考古學講座』一一、一九三七）と日野一郎「塔婆・無縫塔」（『新版考古学講座』七、一九七〇）がある。

板碑（板石塔婆）については、服部清道『板碑概説』（一九三三）、稲村坦元『武蔵野の青石塔婆』（一九六五）、小沢國平『板碑入門』（一九六七）、千々和實『板碑源流考』（一九八七）、千々和到『板碑とその時代』（一九八八）、千々和到・浅野晴樹編『板碑の考古学』（二〇一六）、坂詰秀一編『板碑研究入門』（一九八二）『板碑の総合研究』（総論一九八三、増補一九九一、地域一九八三）などがある。その起源については諸説あるが、碑伝説をとる石田茂作に「碑伝について」（『銅鐸』一二、一九五六）があり、起源論については「板碑研究の課題」（シンポジウム『仏教考古学序説』一九七一）に諸説の紹介がある。また、板碑の地域的研究の指針として、千々和實『武蔵国板碑集録』一〜三（一九五六・一九六七・一九七二）『上野国板碑集録』上・下（一九六六）が編まれている例が参考になる。入門書として石井真之助『板碑遍歴六十年』（一九七四）、鈴木道也『板碑の美』（一九七七）を紹介しておきたい。両書は鮮明な図版（拓本・写真）を主としたものであり、初学者には便利であろう。

笠塔婆については、日野一郎「笠塔婆」（『古代』一二、一九五三）、千々和實「初期の笠塔婆」（『史迹と美術』三三四、一九六三）がある。石製の燈籠については、天沼俊一『慶長以前の石燈籠』（一九三七）があり基準資料が収められている。

塔信仰・墓制などについて元興寺文化財研究所『日本仏教民俗基礎資料集成』（一九七四）があり、元興寺極楽坊の資料を中心として、骨蔵器・納骨器・位牌・物忌札・冥銭・石塔類・印仏・摺仏・刷札・板絵・千体仏・こけら経などに関する調査結果を収めている。この集成は、仏教考古学の研究にとって極めて重要であり狭川真一・松井一明編『中世石塔の考古学』（二〇一二）と共に注目される。

(四)　仏像関係

仏像についての文献は夥しく公けにされており、それぞれ貴重なものであるが、まず挙ぐべきは『大正新脩大蔵経―圖像部』全一二巻（一九七六）であろう。本書は大部なものであり、また入手することも難事であるが大学図書館などで一瞥しておくと参考になろう。一般には佐和隆研編『仏像図典』（一九六二）があり、石田茂作『仏教美術の基本』（一九六七）とともに座右に備えておくとよい。石田氏の基本は、釈迦・大乗仏教（顕教）・密教・浄土教・禅宗・垂迹の各美術を六つに大別して説明しているので理解し易いし、また、仏具についてもそれぞれの項に説かれているので仏具の研究者にとっても有用である。仏像の起源問題について一石を投じた高田修『仏像の起源』（一九六七）、仏像図像学の立場より形式を論じた逸見梅栄『仏像の形式』（一九七五）と、頼富本宏『密教仏の研究』（一九九〇）は、仏像研究の基礎として一読の要があろう。また、事典として久野健『仏像事典』（一九七五）は、『新版仏教考古学講座』第四巻仏像（一九七六）と併読することによって、仏像研究の指針となる。秋山正美『詳説佛像の持ちものと装飾』（一九七二）は、仏具研究にも役立つユニークなものといえる。

ユネスコより刊行された David L. Snellgrove 編の*"The Image of the Buddha"*（一九七八）は、世界各国の専門家によって執筆されたものであるだけに鮮明な写真とあいまって益するところが大きい。中国については、大村西崖『支那美術史彫塑篇』三冊（一九一五）の労作があり、松原三郎『増訂中国仏教彫刻史研究』（一九六六）とともに研究の基本文献となっている。朝鮮半島については、斎藤忠『朝鮮仏教美術考』（一九四七）、軽部慈恩『百済美術』（一九四六）の概説のほか、中吉功『海東の仏教』（一九七三）『新羅・高麗の仏像』（一九七一）の二書があり、黄寿永『韓国仏像の研究』（一九七八）と並んで半島仏像研究のあり方を示している。また、久野健「押出仏と塼仏」（『白鳳の美術』一九七八）は出土仏について触れた論文として注目されている。

仏像と並んで礼拝の対象となっている仏足石（跡）については、田中重久「日本に伝はる仏足跡の研究」（『日本に遺る印度系文物の研究』一九四三）、金井嘉佐太郎『仏足跡の研究』（一九七一）、丹羽基二『図説世界の仏足石』（一九九二）、加藤諄『佛足石のために』（一九八〇）『日本仏足石探訪見学箚記』（二〇〇七）「日本の仏足石」（『新版仏教考古学講座』四、一九七六）がある。なお、仏足跡研究誌として『雙魚』（一～一五、一九七五～八三、雙魚洞）がある。

種子については、斎藤彦松『悉曇要軌』（小林義孝解説、二〇〇四）、小林義孝「斎藤梵字学の位置」（大阪府文化財センター研究調査報告七、二〇一〇）、川勝政太郎『梵字講話』（一九四四）『偈頌』（一九八四）、綜芸舎編集部『梵字入門』（一九七五、第一四版）、田久保周誉『梵字入門』（一九七〇）などの入門書、中村瑞隆・石村喜英・三友健容『梵字事典』（一九七七）がある。三井奝円「仏の種子」（『新版仏教考古学講座』四、一九七六）とともに参考になろう。

庚申懇話会『日本石仏事典』（一九七五）は、石造塔・墓碑の調査にも有用で、とくに近世の石仏など、従来、仏像研究者が等閑視してきた遺物についての調査を試みるときの手引きとなっている。日本の石仏については、川勝政太郎『日本の石仏』（一九四三）、日下部朝一郎『石仏入門』（一九七二）が簡要に説明しているので理解し易い。考古学の立場で仏像をどのように調査し研究していくか、その点についてはまだ深められていない。そのような動きを踏まえて前述の『新版仏教考古学講座』四が編まれているので、今後に課せられた問題として提起しておきたい。

(五)　仏具関係

仏具の考古学的研究は進んでいないが、日本における仏具の研究を通して朝鮮半島そして中国を経てインドへと遡り、それらの源流を辿る方法が考えられる。

辞・事典として、清水乞編『仏具辞典』（一九七八）と岡崎譲治監修『仏具大辞典』（一九八三）、出土仏具については立正大学考古学研究室編『出土仏具の世界』（一九九九）がある。

日本の仏具について、総括的に論じているものに蔵田蔵『仏具』（一九六七）と久保常晴「仏具」（『新版考古学講座』八、一九七一）があるが、岡崎譲治「仏具の種類と変遷・荘厳具」「同・密教法具」、中野政樹「同・供養具」、香取忠彦「同・梵音具」、光森正士「同・僧具」などを収めた『新版仏教考古学講座』第五巻仏具（一九七六）が研究の現段階を示す指針書である。かつて『佛教考古學講座』に収められた各種の仏具に関する論文は久保常晴「雲版」（『佛教考古學講座』六、一九三六）「鰐口」（『佛教考古學講座』八、一九三七）、廣瀬都巽「華鬘」（『佛教考古學講座』四、一九三六）、岡田至弘「幡」（『佛教考古學講座』一一、一九三七）、佐野真祥「香炉」（『佛教考古學講座』五、一九三六）、八木直道「数珠・如意」（『佛教考古學講座』五、一九三六）などが先駆的研究であるが、いずれも今後における資料の増加と研究の進展が期待されている。しかしながら、それらは現在においても依用されることの多い労作である。坪井良平『日本の梵鐘』（一九七〇）『日本古鐘銘集成』（一九七二）『佚亡鐘銘図鑑』（一九七七）『梵鐘の研究』（一九九一）『朝鮮鐘』（一九七四）、奈良国立文化財研究所『梵鐘実測図集成』上・下（一九九二・一九九三）『新羅鐘・高麗鐘拓本実測図集成』（二〇〇四）、眞鍋孝志『梵鐘遍歴』（二〇〇二）のほか、廣瀬都巽『日本銅磐の研究』（一九四三）、奈良国立博物館『密教法具』（一九六五）が決定版として公けにされている。また、梵鐘研究の専門誌として『梵鐘』（一九九四〜二〇〇七、一〜二〇）が刊行された。

仏具に関する基礎的な文献としては、敬光『大乗比丘十八物図』（大日本仏教全書服具叢書一）、密門『真言宗持物図釈』（大日本仏教全書服具叢書二）、『三宝物具鈔』（大正新脩大蔵経図像部一〇）、無着道忠『禅林象器箋』、権田雷斧『密教法具便覧』（一九一七）がある。

㈥　経塚関係

経塚創始日本説が説かれているなかにあって、それの源流を中国に求める見解も提出されている。しかし、現在のところ中国において日本の経塚と同様な遺構の発見はなされていない。また、朝鮮半島において近時経筒に類似する銅筒の存在が知見に入りつつあるが、それとて半島経塚造営説とはなりえていない。よって、経塚の研究は、現在のところ日本独自の遺構としての観点より調査が進められている。

経塚研究の基本文献は、石田茂作「經塚」（『考古學講座』二〇・二四・三三、一九二九～三〇）である。本書は、経塚研究の指針書として、また、研究の到達点としての声価を保っている。以降に出版された蔵田蔵「埋経」（『佛教考古學講座』六、一九三六）、矢島恭介「經塚」（『佛教考古學講座』一〇、一九三七）「経塚とその遺物」（『日本考古学講座』六、一九五六）、蔵田蔵「経塚の諸問題」（『世界考古学大系』四、一九六一）、三宅敏之『経塚論攷』（一九八三）『経塚の話』（一九六四）「経塚」（『日本の考古学』七、一九六七）、奥村秀雄「経塚」（『新版考古学講座』八、一九七一）など、いずれも経塚研究の段階をそれぞれ伝えているものである。また、斎藤忠『日本古代遺跡の研究・総説』（一九六八）は、経塚の概説とともに文献目録・地名表が添えられており入門書としても適切である。関秀夫『経塚の諸相とその展開』（一九九〇）『平安時代の埋経と写経』（一九九九）、資料集には『東京国立博物館図版目録—経塚遺物編—』（一九六七）、『奈良国立博物館蔵品目録—考古篇経塚遺物—』（一九九一）、石田茂作監修『新版仏教考古学講座』六経典・経塚（一九七七）は、兜木正亨・三宅敏之が主として執筆したもので、研究の現状を示すものである。三宅敏之「経塚遺物年表」の労作も収められており、経塚研究者にとって必読の文献といえよう。また、奈良国立博物館『経塚遺宝』（一九七七）は、豊富な図版とそれらの要をえた解説により、極めて注目すべきものとなっている。この講座と遺宝は、最新の経塚研究書として学界に広く膾炙されている。

経塚の起源論については、薮田嘉一郎『経塚の起源』（一九七六）があり中国源流説を説いている。しかしこの薮田見解については、三宅敏之「経塚研究の課題」（『考古学ジャーナル』一五三、一九七八）においてまだ問題のあることが指摘されている。個別的な論文としては、石田の「瓦経の研究」「滑石経に就いて」「我国発見の銅板経に就いて」「銅板経の折本に就いて」「経筒の話」などを収録した『佛教考古學論攷』三経典編（一九七七）、三宅敏之「六角宝幢式経筒について」(『経塚論攷』所収)、保坂三郎『経塚論考』(一九七一)などがあり、埋納経については、兜木正亨「如法経雑考」(『大崎学報』一〇六、一九五七)「如法経の起源と思想背景」(『法華文化研究』一、一九七五)「如法経と経塚」(『新版仏教考古学講座』六、一九七七)、関根大仙『埋納経の研究』(一九六八)がある。以上のほか、小田富士雄・平尾良光・飯沼賢司編『経筒が語る中世の世界』(二〇〇八)、青石経についての見解を示した正岡健夫『愛媛県金石史』(一九六五)、近世礫石経について立正大学文学部考古学研究室編『礫石経の世界』(一九九四)が注目されよう。

経塚埋納の経典のなかで、とくに多く認められるのは法華経である。法華経は、紙本経に限らず瓦経・礫石経などにも認められるものであり、経塚の調査にあたりそれの調べ方についての知識が必要である。法華経については、兜木正亨編『法華三部経章句索引』(真読一九七七、訓読一九七八)、東洋哲学研究所編『法華経一字索引』―付開結二経―(一九七七)が公刊されている。ともに〝無量義経〟〝仏説観普賢菩薩行法経〟の開結二経をも収めているので、埋納された経典が法華三部経である場合、探策が容易に可能である。

(七)　墳墓・墓標関係

一般に仏教徒の墓制は火葬を基調とするものであると説明されているが、インドとその周辺においては必ずしも普及していない。一部の限られた人びとに対する葬制に認められるに過ぎない。中国における火葬については、従来明瞭ではなかったが、最近その資料の発見も増加しつつあり、水野正好抄訳「中国火葬墓資料」一・二(『古代研究』一・二、一九七三)にその一部が紹介されている。朝鮮半島における三国時代の火葬墓については、斎藤忠「新羅火葬骨壺考」「扶餘発見の壺の一型式」(『新羅文化論攷』一九七三)に詳しい。百済については、姜仁求〈松井忠春訳〉「百済の火葬墓―新しい百済墓制―」(『古代研究』三、一九七四)があり参考になるであろう。

仏教的葬制にもとづく日本の墓については、古く平子鐸嶺「本邦墳墓の沿革」（『佛教芸術の研究』一九一四）があり、〝塔婆の制〟として石造塔を標識とする例について触れられた。その後、高橋健自・森本六爾・和田千吉「墳墓」（『考古學講座』黄本二一、一九二九）が刊行され、古代を高橋・森本、中世を和田が分担している。そのなかに火葬による墳墓の例がいくつか指摘され、以後における研究の指針となった。後藤守一・森貞成「奈良時代の墳墓」（『佛教考古學講座』七、一九三六）は、帝室博物館編『天平地寶』（一九三七）解説〈石田茂作〉とともに当時における主要資料を網羅して論じた。浅田芳朗『日本歴史時代初期墳墓研究提要』（一九三五）は、一九三五年六月までに発表された文献を摘録したものであり、古代墳墓研究の手引きとして活用される。古代の骨蔵器については藤森栄一「奈良時代の火葬骨壺」（『古墳の地域的研究』一九七四）があり、骨蔵器の形態的研究を通して、古代火葬墓の実態を明らかにした労作である。

古代の火葬墓を含んで概観したものに藤澤一夫「墳墓と墓誌」（『日本考古学講座』六、一九五六）「火葬墳墓の流布」（『新版考古学講座』六、一九七〇）がある。斎藤忠『日本古代遺跡の研究・総説』（一九六八）は、文献目録と地名表が収録され、それの概観とともに火葬墓の研究に有用である。奈良国立文化財研究所飛鳥資料館『日本古代の墓誌』（一九七七）は、墓誌の集成であり、石村喜英「古代火葬墓の研究と二・三の問題」（『歴史考古学論叢』一、一九六八）は、問題点を摘出し、自己の見解を述べたもので、研究の動向を知るのに便利である。また、安井良三「日本における古代火葬墓の分類―歴史考古学的研究序論―」（西田先生頌寿記念『日本古代史論叢』一九六〇）は、古代火葬墓を類型化してそれの展開について展望した意欲的な労作であり一読する必要があろう。なお斎藤忠「上代に於ける墳墓地の選定」（『歴史地理』六五―一、一九三五）、桑山龍進「火葬への道」（『民族学研究』四―四、一九三八）などは注目すべき論文である。

中世については、個別調査の報告文献は多いが、まだ纏ったものが見られない。かつて中川成夫「中世考古学の諸問題」(『地方史研究』一〇―三、一九六〇)に若干触れられたことが注意されるが、最近、公けにされた『日本仏教民俗基礎資料集成』第一巻―元興寺極楽坊Ⅰ蔵骨器―(一九七六)に収められている坪井良平「総説」(〝鎌倉・南北朝両時代在銘蔵骨器〟表添付)、兼康保明「古代・中世の墓制」は極楽坊境内出土の資料報告とともに看過することができない。なお、禅宗関係の葬法について知るには松浦秀光『禅家の葬法と追善供養の研究』(一九六九)、日蓮宗関係については中尾堯「日蓮と葬祭」(『歴史教育』一五―八、一九六七)が参考になる。中尾堯「仏教の庶民化と葬祭」(『布教者と民衆との対話』一九六八)とともに有用であろう。

墓標については、日野一郎「墳墓標識としての石造塔婆」(『史迹と美術』二三六―二三八、一九五三)があるが、墓標を対象とした研究として坪井良平「山城木津惣墓墓標の研究」(『歴史考古学の研究』一九八四)があり、三三〇五基の調査を通して類型を試みた独創的な研究である。墓標の調査はこの坪井の業績を範として進められ、谷川章雄「近世墓標の類型」(『考古学ジャーナル』二八八、一九八八)、朽木量『墓標の民族学・考古学』(二〇〇四)、西海賢二ほか『墓制・墓標研究の再構築』(二〇一〇)、三好義三『近世墓標』(二〇二一)、池上悟『近世墓石論攷』(二〇二一)がある。墓標に見える頭書については久保常晴「墓標・位牌に見える中世の頭書」(『続佛教考古学研究』一九七六)に一応羅列されているので参考になろう。

日本の墳墓について展望するに便利な斎藤忠『墳墓』(日本史小百科、一九七八)、土生田純之『事典　墓の考古学』(二〇一三)は、庚申懇話会『日本石仏事典』(一九七五)とともに座右に備えておくと有用である。

(八)　その他

仏教考古学の調査研究を行なっていくに際しては、金石文についての一応の理解が必要である。金石文については、入田整三『日本金石文綱要』(一九三七)の概説書があり、狩谷棭斎の『古京遺文』訳本を付載している藪田嘉一郎『日本上代金石叢考』（一九四九）は金石文研究の方法を学ぶうえでも必読の文献である。また、木崎愛吉『大日本金石史』六巻（一九七二）、大谷大学編『日本金石図録』（一九七二）を瞥見することにより金石文についての知識を得ることができる。

なお、仏教考古学の研究にとって不可欠な雑誌として『仏教芸術』（一九四八創刊）のほか史迹美術同好会『史迹と美術』（一九三〇創刊）と歴史考古学研究会『歴史考古学』、石造物研究会『日引』（二〇〇一創刊）、石造文化財調査研究所『石造文化財』（二〇〇一創刊）にも仏教考古学関係の論文・報告が掲載されている。

以上、各項目ごとに主要参考文献の案内を試みてきた。私の手元にある資料をもとに作成してきたので、重要な文献を落していることを危惧するが、これから仏教考古学の研究を志す人にとって少しでも参考になれば幸いである。

Ⅱ　仏教考古学の構想

一　仏教考古学概論

仏教考古学はそれが提唱されてから日が浅い。
まだ資料採集の時代である。真の研究はこれからである（石田茂作）

はじめに

仏教考古学の体系化を試みた石田茂作は、自ら監修した『新版仏教考古学講座』（全七巻、一九七五～七七）の劈頭に「仏教考古学の概念」（第一巻・総説）を執筆し、それを右の言辞で締め括った。

かつて『佛教考古學講座』（全一五巻、一九三六～三七）の編集に参画し、仏教考古学の多くの分野に大きな業績を挙げ、斯学の体系化を果した石田が、五〇余年にわたる研究の到達点をまとめ、仏教考古学の体系を示したのが『新版仏教考古学講座』であった。

科学としての日本考古学が発足して一〇〇年を越え、その間、紆余曲折を経ながらも、いまや確固たる基盤を形成するにいたっている。歴史研究の補助学と称されてきた日本の考古学は、一九四五年以降、新しい途を歩み、その対象は、時間的にも旧来の日本考古学の観念を払底し、考古学本来のあり方に添って進んでいる。文献存在時代の考古学は、文献史学の補助学とされてきていたが、「歴史」考古学分野の研究は、日本歴史そのものを物質的資料を主体として闡明する方向性を確立しつつある。

日本における「歴史」考古学研究の歴史は、決して新しくはないが、その展開過程において必ずしも主体性を保持するものではなかった。ただ、仏教考古学の分野は例外であった。仏教関係遺跡・遺物の調査研究は、「歴史」時代の考古学研究にあって光彩をはなっていたのである。「歴史」考古学分野の活発な調査研究は、必然的に仏教考古学の研究をさらに進展させるにいたっている。

このような日本考古学の一つの動向のなかにおいて、仏教考古学の研究は、石田が「真の研究はこれからである」と喝破しているように、一応の体系化が果されたものの、その実態は「資料採集の時代」と目されている。しかし、それは石田自身の膨大な研究業績を目の当りにするとき、謙譲の言であることは何人も容易に首肯するところであるが、他方、石田提言は今後における仏教考古学の研究に課せられた至言として理解することが肝要であろう。

そこで、石田提言を再確認し、新たなる仏教考古学の展望に向けて若干の私見を披瀝することにしたいと思う。

㈠　仏教考古学の概念と本質

「考古学は過去人類の物質的遺物（に據り人類の過去）を研究するの学なり」とは、濱田耕作が『通論考古學』（一九二二）において規定した考古学の定義である。

この定義によれば、考古学の対象とする時間は「過去」であり、研究対象は人類の「物質的遺物」であると言う。その「過去」とは人類史そのもの、「物質的遺物」とは人類史の資料と理解される。さらに敷衍すれば、人類が発生以来、昨日まで、直接的間接的に関与してきたあらゆる物質的資料を研究の対象とする人類史究明の歴史学である、と言うことができよう。それは文字の出現をもって過去認識の時間的上限とする文献史学とともに人類の歴史を明らかにするものであるが、「時間的にも、空間的にも、資料的にも人類とともにあるという学問は、考古学をおいて他にはないであろう」（江上波夫「考古学とはどんな学問か」『考古学ゼミナール』一九七六）とも説かれている。

　このような考え方について、批判なし、としないが、一般的に広範に受け入れられている見解である。

　かかる考古学は、その対象が人類史のすべてにかかわっていることより、対象は時間的、空間的、個別的に細分されている。

　仏教考古学と称されている分野もその一つである。

　人類の歴史は、一面において信仰の歴史である。信仰の歴史は宗教の歴史であり、そこに宗教史が形成される。宗教史の研究は、研究方法によって多岐にわたっているが、その一に宗教考古学がある。

　宗教考古学は、宗教の歴史を物質的資料の認識と分析を通して明らかにするものであり、聖書考古学・仏教考古学・神道考古学などを包括するものと言える。

　仏教考古学は、広義の宗教考古学に入るが、創唱宗教の一としての仏教を対象とすることより、その独自性が確立される。

　紀元前五～四世紀にインドの北方域で釈迦（Gotama Buddha）によって創唱された仏教は、アジアのほぼ全域に伝えられた。仏教の教団形成とその流伝については、すでに仏教史の研究によって闡明されてきたところであるが、それに関する史料として物質的資料が活用されてきたことは言うまでもない。

　物質的資料より仏教の歴史とその展開を究明する分野こそ、仏教考古学と称されてしかるべきものであることは贅言を要しないであろう。

　かかる仏教考古学の研究は、釈迦とその教団にかかわる物質的資料の認識・検討によって試みられるのは当然のことであり、事実、原始仏教の展開地域において実施されてきたのである。

しかしながら、その調査研究は、明らかに仏教考古学としての方向性を有しながらも、仏教考古学としての体系化を目指すことなく、個別的な調査研究が盛況を極めてきていたのである。

仏教考古学とはどのようなものであるか、という問題についても、必ずしも正面より論議されることがなく、ただ、漠然と「仏教を考古学の方法によって研究する」との暗暗裏の認識によって行われてきた。

仏教考古学を体系化する方向は、一九三〇年代に入って日本の研究者によって試みられた。それは、伊東忠太（建築史）・宇野圓空（宗教学）・柴田常恵（考古学）・常盤大定（仏教学）・松本文三郎（仏教美術史）を編輯顧問として編まれた『佛教考古學講座』（前出）の刊行である。五名の編輯顧問中、ただ一名の考古学者であった柴田は、第一巻に「佛教考古學概論（一）」を執筆した。この論文は、仏教考古学を真正面よりとりあげた最初のものであった。しかし、この論文は「序説」のみに止どまり（二）以降の続編はついに掲載されることがなかった。

柴田は「仏教考古学なる名称は、未だ世人の耳に熟せざる所たるべきも、仏教の遺跡遺物に依る研究は既に基督教考古学が欧米に於て存在する程とて其内容の遙に豊富なる仏教に此事あるべき筈」と指摘し、ついで「既に仏教に関する絵画・彫刻・建築・工芸等に対しては夫々の学問に依って開拓せらるることとて、別に仏教考古学として立入る餘地を存せない」としながらも「研究の対象が同一の事物であっても、其立場を異にすれば何等の差支はない筈である」と主張したのである。そして「仏教の全体に亘る遺跡遺物を網羅し、此等の間に孤立の状態にある知識を連絡せしめ得る」ことより「其存在に意義」を見い出したいとの見解を披瀝したのである。

柴田が基督教考古学と対比させて仏教考古学の存在を主張したのは、すでに濱田耕作が「基督教考古学の成立と同じく、其の特殊の遺跡遺物に富める「仏教考古学」の成立を認む可く、吾人は此の名称の使用を慫慂せんと欲す」（『通論考古學』前出）と述べていたのに呼応したものと言えよう。

柴田の主張は、かかる仏教考古学的な調査研究が、すでにインドをはじめ中央アジアなど仏教伝播の各地域においてイギリス・フランスなどの研究者によって実施されてきたとの認識に立脚し、日本における仏教の考古学的研究を確立したい、というものであった。具体的には、仏像・伽藍・仏法具・墳墓を対象とすべきことを指摘して、その方向を示したのである。

『佛教考古學講座』の編成は、大別して（一）経典、（二）仏像・仏画、（三）仏具・法具、（四）建築、（五）法要・行事、（六）墳墓、（七）その他、であり、全体として「佛教に関係ある考古学的研究」としながらも、その掲載項目は考古学として馴まないものが多かった。

この点について、後に、網干善教は「序説に意図されたものが内容記述を見ると建築史、美術史の一分野にしかすぎない結果に終っている」（「仏教考古学とその課題」『仏教大学紀要』四七、一九五一）と批判した。たしかに網干の指摘は正鵠であった。すでに仏教美術史の分野において、小野玄妙が「寺塔・彫塑・絵画・器物（仏物・法器・僧具）」（『佛教美術概論』一九一七）に分って美術史の立場を明示していたのに対して、講座のそれは、経典、建築などを付加したに止どまり、仏教考古学としての独自性がみられなかったのである。

また、『佛教考古學講座』について、角田文衞は「恐らく体系的な仏教考古学を意図して著作された唯一のもの」ではあるが「その組織は極めて粗雑である」との見解を公けにされたことがある（『古代学序説』一九五四）。

このように仏教考古学の体系化を目指した講座ではあったが、その時点における日本の考古学それ自体が、必ずしも明確な概念と方法論の論議がなされていなかったこともあって、その編成は成功したということはできなかった。しかし、それ以降、講座が編まれた、という現実によって仏教考古学の名称が独り歩きをはじめることになるのである。

講座完結の四年後、東京考古學會は『考古學評論』の第三輯を『佛教考古學論叢』と名付けて公けにした（一九四一）。その編集を担当した坪井良平は、「佛教考古學とは如何なるものであるか、といふ問に対して、いま編者は答へることができない。しかし佛教史や佛教美術史では究め得ない様な、日本の生活の中に深く浸潤した文化現象を理解するために、ここにも考古學的研究が可能であり、必要であることを信じて疑わない。それを佛教考古學と名付けようと思う」との見解を示したのである。因に同書に収められた論文は、「古瓦より見た日鮮文化の交渉」（石田茂作）「攝河泉出土古瓦様式分類の一試企」（藤澤一夫）「本邦に於ける堤瓦の研究」（木村捷三郎）「西大寺創立の研究」（田中重久）「美濃國古位牌の研究」（片岡温）「陸前國宮城郡の古碑」（松本源吉）の六編であった。

仏教考古学を「仏教関係の遺跡遺物を対象とする考古学」（『日本考古学辞典』一九六二）と簡潔に規定した石田茂作は、つづいて「仏教考古学は、仏教関係の遺物遺跡を研究調査し過去の仏教を知ること」と定義し、「仏教関係の遺物はそれが埋蔵品であろうが、伝世品であろうが、それぞれに過去の仏教活動において一役を荷ったもの」であり、それらの「遺物遺跡には……過去の仏教活動の薫臭がある……その無声の声を聞く事が仏教考古学」と説いた（「仏教考古学への道―七十年の思い出―」『日本歴史考古学論叢』一九六六）。

そして一〇年後、「仏教考古学の概念」（前出）を執筆し「仏教的遺跡・遺物を通して古代仏教を考えることが仏教考古学である」との見解を披瀝したのである。

一方、久保常晴は「仏教考古学とは、仏教活動にかかわった遺跡・遺物を調査研究するもの（『世界考古学事典』一九七九）、斎藤忠は「仏教考古学は、仏教に関連する遺跡・遺物を研究の対象とするもの」（『現代仏教を知る大事典』一九八〇）と説明した。

また、網干善教は、仏教考古学についての独自の所見を公けにし（「仏教考古学とその課題」前出）、仏教学・歴史学・考古学の三者それぞれの有機的関連性を指摘し「三者の成果を相入れ形成された学問の位置」付けが肝要であり、「仏教学（主として教理・教説）、歴史学（主として仏教文献史学）とを取入れた考古学の一分野であらねばならない」と主張した。この網干見解においてとくに注目されるのは「伝世遺物は考古学の対象として取上げないことが原則」との意見を公けにしたことである。

仏教考古学の概念とそこより派生する体系化の方向について瞥見してくると、諸先学の見解は、大綱において一致していることが知られる。ただ「仏教関係の遺跡遺物を対象とする考古学」と一貫して説いてきた石田茂作が「仏教考古学の概念」（前出）において「古代仏教を考えることが仏教考古学」とし、それが「今や私の信念」と断じたことは、すこぶる興味深い。

石田の仏教考古学研究は、古代に止どまらず、中世さらには近世に及んでいることは周知の通りである。それにもかかわらず「古代仏教」に固執しているのは、「人間の残した遺跡・遺物を資料として古代を考えるのが考古学である」との定義を「金華極上と信じて」いたからであろう。したがって、「古代」を「＝古（いにしえ）」と理解し、「古代仏教」を「＝古（いにしえ）の仏教」と読みかえることによって「石田仏教考古学」の定義と実践的調査研究の成果を融合的に把握することが可能になるであろう。

かかる仏教考古学については、私なりに「宗教考古学の一分科。紀元前六世紀、インドにおいて釈迦を教祖として形成された仏教の歴史を考古学の方法によって闡明することを目的としている。地域的には仏教の伝播地域―アジアの全域にわたり、時間的には紀元前六世紀より今日に及ぶ。……」（『日本考古学小辞典』一九八三）と説明したことがあるが、その考え方はいまも変らない。

すでに多くの先学によって説かれてきた仏教考古学の基本的概念は、まさにその通り理解することが穏当であろう。

即ち、仏教考古学とは、過去における仏教を物質的資料（遺跡・遺構・遺物）によって明らかにする宗教考古学の一分野であり、時間的には紀元前六世紀より昨日まで、空間的には仏教伝播の全地域を対象とするものである、と考えられるのである。

右のごとき認識にたって、さらに、仏教考古学そのもののあり方を展望するならば、私なりに一つの憶測が湧き出してくる。それは、原始仏典にみえる仏伝の考古学的な方法による調査研究であり、また、大乗仏典など各種の仏典の考古学的視点よりの分析である。

釈迦に直接的にかかわる遺跡の比定と調査は前者であり、『大唐西域記』などに散見する仏教教団のあり方とその伝播についての具体的記載事項の検討は後者にあたる。それは、伝承を含む文献記録の考古学的検討であると言えよう。その研究対象の空間は、ほぼ釈迦の教化地域にあたり、仏典考古学とでも称すべき領域が存在することになるであろう。

この仏典考古学は、聖書考古学と対比さるべきものであり、仏教の伝播地域を対象とする仏教考古学、また、基督教の伝播地域を対象としている基督教考古学との対比に等しいものである。

現在、われわれは仏教に関する考古学的研究を仏教考古学としての視点より捉えているが、聖書考古学と基督教考古学との現実的な対比のあり方を参酌して、仏典考古学（原始仏典考古学・大乗仏典考古学など）の分野を看過することができないのである。

従来、わが国で考えられてきた仏教考古学の概念は、それ自体、考古学としても容認されるものであったが、対象空間は日本中心であった。しかし、仏教の歴史とその流伝を巨視的に展望するとき、それはアジア全域を含むものであり、地域により、時代により、それぞれの特質を有しているものであると言えるであろう。

仏教形成の初現地域と伝播地域にみられる仏教関係の物質的資料は、基本的には大同であろうが、地域的な小異もみられる。

したがって、仏教考古学の対象資料を考えるとき、仏教伝播の地域全体を考慮に入れることが肝要になってくるであろう。

(二)　仏教考古学の対象資料

仏教考古学の本質は、すでに指摘したように仏教の歴史を物質的資料によって闡明にすることである。その資料は、時間と空間の差異によって自ずから変容しているが、基本的には軌を一にしている。

仏教考古学における研究の対象資料については、石田茂作による整理と具体的提案が広く知られている。石田は「仏教考古学への道―七十年の思い出―」（前出）において具体的に対象資料を分類した。

仏像　金仏・木仏・石仏・塑像・乾漆仏・瓦仏・塼仏・押出仏・仏画・織成仏・繡仏・印仏・摺仏……、如来像・菩薩像・天部像・明王像・祖師像・垂迹像・曼荼羅・光明本尊・涅槃図……、名号・題目

経典　写経・版経・繡経・瓦経・滑石経・銅版経・柿経・一字一石経・細字経文塔婆・細字経文仏画・経絵・経塚

仏具　梵音具・荘厳具・供養具・密教具・僧具

仏塔　重塔（三・五・七・十三）・宝珠塔・多宝塔・宝塔・宝篋印塔・五輪塔・無縫塔・碑伝・板碑・雲首塔……、木造塔・銅塔・鉄塔・石塔・泥塔・瓦塔・籾塔・印塔……

寺院　伽藍配置・堂舎・建築部分・その他（寺印・扁額・納札・絵馬・拝石・結界石・標石・町石……）

このような五大別による整理は、以降における仏教考古学の体系化を示すものであった。この分類をさらに進め、仏教考古学の体系を明示したのが、石田監修の『新版仏教考古学講座』の構成である。かつて、柴田常恵に協力して『佛教考古學講座』の項目設定と執筆者の選定に従事した石田にとって、「新版」の構成は四〇年の歳月を経て自らの意向で編集の方針を示す機会となった。

『新版仏教考古学講座』の構成とそれに収録された項目は次の通りであった。

寺院　寺院跡・瓦塼・鎮壇具・その他（建築用材・金鐸・飾り金具・荘厳具・塼仏・塑像）
塔・塔婆　木造塔・石塔・舎利とその容器・瓦塔・小塔・板碑・庶民信仰・位牌
仏像　仏像（起源と発達・表現形式―彫刻・絵画―）・仏教図像学（顕教系・密教系・手印・仏像の持物）・高僧像・禅宗系美術・垂迹系美術・仏伝文学と仏教世界観の造形的表現・胎内納入品・仏足石・種子
仏具　仏具（種類と変遷―荘厳具・供養具・梵音具・僧具・密教法具）・修験道用具・鎌倉新仏教各宗仏具
経典・経塚　経典（概論・写経・版経）・経塚（概論・遺物・遺跡と遺構）・信仰と経典・経塚分布・如法経と経塚・経塚遺物年表
墳墓　火葬墓（類型と展開・各地の例）・墓地と火葬墓・墓碑墓誌・墳墓堂

これら六項に大別された全体構成は、石田のもとに編成された編集委員、とくに各巻担当委員の意見を多く採用しており、そのすべてが石田の見解そのものと言うことはできない。「新版」の構成時点における石田の見解は「仏教考古学の概念」（前出）中の「仏教考古学の対象」にみることができる。そこにおいて「わが国の……仏教遺跡・遺物」のなかで「顕著なもの」として次に掲げる遺跡と遺物を列挙した。

遺跡　1寺院・寺跡（飛鳥・奈良朝寺院、天台真言など各宗寺院、境外仏堂）　2経塚（紙本経塚、瓦経塚、銅版経塚、滑石経塚、青石経塚、一石経塚、貝殻経塚）　3仏教的墳墓　4磨崖石仏、磨崖石塔　5修験行場（一の覗き、この覗き、蟻の戸渡りなど）　6火葬場遺跡　7十三塚　8瓦塔遺跡　9瓦窯跡　10順礼道、町石、寺院庭園

遺物　1仏像（金銅仏、乾漆仏、木彫仏、塑像仏、石仏、泥仏、塼仏、仏画、繡仏、印仏など）　2経典（貝葉経、写経、版経、紺紙金泥経、装飾経など）　3僧侶（羅漢、高僧像、袈裟、曲彔、遺墨、遺品）　4仏塔（重層塔、宝塔、多宝塔、宝篋印塔、五輪塔、笠塔婆、碑伝、板碑など）　5仏具（鐘、鈴、金剛杵、香炉、燈台、

花瓶、花鬘、花籠、柄香炉、磬、鰐口、鉦、木魚、幡、念珠、如意、払子など）6寺院建築（金堂、講堂、鐘楼、門、廻廊、僧坊、院坊、本堂、祖師堂、茶所、鼓楼、倉庫、庫裡、禅堂、方丈、書院、東司、西浄など）7その他（扁額、竿燈籠、門標、水盤、絵伝絵巻、納札など）

かかる仏教関係の遺跡と遺物については古くより石田が機会あるごとに列挙してきたものであるが、それを念頭に入れて「新版」の監修に際しては、右の「諸項目を整理圧縮」して、仏教考古学の対象の「大要を把握」すべく試みたものであった。

なお、石田の著作集『佛教考古學論攷』（全六巻、一九七七～七八）は、寺院、仏像、経典、仏塔、仏具、雑集の各巻より構成されている。

石田によって研究対象の資料が整理され、その大綱が提示されたことによって、仏教考古学の方向性が確立した。しかし、石田が提案しそれを前提として整理統合された対象資料は日本における仏教関係の遺跡と遺物であった。すでに触れたように、仏教考古学の研究において目標とさるべき空間は、仏教伝播の全地域に及ぶものであり、決して日本に限定されることはない。

しかし、仏教考古学の研究が体系的かつ系統的に行われているのは日本をおいて外にない。よって、日本における対象資料の大綱を確立しておくことは、仏教伝播の諸地域の資料を考える場合とくに有用となってくるであろう。

寺院、塔・塔婆、仏像、仏具、経典・経塚、墳墓に大別されている日本の対象資料について改めて検討してみると、それぞれに欠落している対象も認められる。

寺院の場合、建築関係の対象（堂舎・付属建築物とその用材など）のほかに、参道も重要であり、また、閼伽（水）の必要性より井戸、湧水地についての目配りを看過することができない。従来、寺院と水との関係については考古学的にさして注意が払われてきていないが、生活用水と共に閼伽は寺院にとって不可欠のものである。また、戒壇関係の遺構に注意を向けることも必要であろう。塔・塔婆については、それが舎利塔としての性格をもつものか、あるいは墓標としての塔形であるのかの識別が必要である。とくに墓塔は墳墓の標識であり、墳墓と一体化して対象とさるべきものであろう。舎利塔については、身舎利塔と法舎利塔の区別も求められるであろうし、さらに、供献塔の存在も看過することができないのである。仏像については、周知のごとく仏像の美術史的研究が盛んであり、すでに図像学的視点が確立されている。考古学にあっては、かつて出土仏像のみを対象とする考えもあったが、物質的資料を対象とすると規定した立場にあっては馴まない見解である。寺院跡の発掘に際して出土する仏像については考古学が主体的にとり扱うと同時に仏像研究者による研究も共に行われることになろう。礼拝の対象という観点よりとりあげる必要のあるのは仏足石である。仏足石は、仏足の跡を石に表現したものを指すが、日本においては主として近世に入って造られた。仏足跡の研究者による業績も知られているので、今後は考古学的方法による研究が望まれる。なお、通常、仏足石は釈迦の足跡を表現しているが、わが国にあっては、例えば弘法大師の足跡信仰もあるのでともに対象となるであろう。仏具は、仏具と法具、そして僧具を一括して表現しているが、従来とかく仏具などそのもの自体に眼が向けられてきた。しかし、石田によって注意された那智出土の仏法具類の埋納例のように仏具を供養の後に埋納する遺跡について注意することが必要である。各地で仏法具類が一括して埋められている遺跡が知られてきた現在、それらは仏具塚・法具塚と称呼される傾向にあるが、塚状の高まりを伴わずに見い出されることもあり、仏法具埋納遺跡として把握さるべきものと言えよう。経塚の場合も、その名称について検討すると同時に埋経のあり方を注視することが必要である。いわゆる経塚は、時代によって性格と造営の仕方も変化している。埋経遺跡と納経遺物は区別することが可能であり、この点の再検討が求められることになるであろう。仏法具埋納遺跡、埋経遺跡とともに注目される遺跡に塚がある。一般に塚と呼ばれている遺跡は、盛土のなかに経典、仏法具が埋納されていないものであり、その多くは、修法の遺跡として把握される。このような塚遺跡についても仏教考古学として対象とすべきである。墳墓については、時代と地域によって仏教的葬制は変化していることに注意する必要がある。被葬者が土葬であっても墓標に仏教の戒名・法名が認められることが多い。かかる場合には仏教の墳墓と認められるが、仏教的痕跡を伴わない墓については慎重さが求められるであろう。とくに近世における墳墓にあっては、儒葬・神葬の存在を考慮すべきであろう。

仏教考古学の対象とされてきた諸遺跡に加うべき遺跡の二・三について指摘してきたのであるが、これ以外にもその対象は多い。現在、仏教考古学の対象として知られている遺跡・遺物のほか、さらに追加される例が存在することを留意しておかなければならないのである。

眼を海外に転じると、日本の場合と異なった遺跡の存在が注目される。

その第一は、インドよりパキスタン・アフガニスタン、そして西域地方をへて中国にわたって存在する石窟寺院の存在である。日本の寺院が平地寺院のみであるのに対し、それらの地域には平地寺院とともに石窟寺院の存在が顕著である。石窟寺院については、古くより調査が実施され、現在も続けられているが、仏教考古学の対象として注目されるであろう。その二は、石窟寺院におけるVihāra窟の前身とも考えられるguhaについてである。guhaの存在はインドのRājgir、スリランカのmihintāḷeなど初期的な仏教遺跡に認められているが、その調査は不十分である。その三は、釈迦の聖地にみられる奉献塔群の存在である。奉献塔には、煉瓦と石があり、後者の多くはパーラ期のものである。それは覆鉢塔の形態をもつもので、形態変化による編年的研究が期待される。その四は、中国の房山雲居寺などにみられる石刻経窟遺跡である。法滅尽時にそなえて着手された刻経の遺跡の存在は古来有名であるが、仏教考古学の対象としても注目される。

また、遺物についてもそれぞれ地域性をもつものが見られるので、その一・二について指摘しておきたい。その一は、仏伝を石に刻したもので、インドをはじめ各地に認められている。同類のものに石刻仏足跡がある。仏足跡については、インドのSānchīをはじめBhārhut, Nāgārjunakoṇḍaに古い例、Bodhgayāなどに新しい例が認められ、スリランカ、タイ、中国などにも類例が多い。また、インドには聖樹信仰に関する石刻遺物も多い。その二は、土製小形の奉献塔形の存在である。形態が類似するものは日本にも認められるが、スリランカ、タイなどに見られるものは、護符的な性格を有するものもあり、奉献と護符の二面性をもっている。奉献の場合、舎利塔に大量に奉献納入された例が中国などにおいても知られている。

右のごとき遺跡遺物については、諸地域において着目されている若干の例であるが、それ以外にも多くの仏教的な物質的資料が認められることは言うまでもない。今後の知見の増加に持ちたい。

おわりに

釈迦関係の遺跡調査が、A・カニンガムによって開始されてから一世紀をはるかに越える歳月が流れた。その間、釈迦の四大、八大聖地についての考古学的調査も進み、それぞれ明らかにされてきた。釈迦の舎利も発掘され、歴史上に正しく評価が定まっていることは周知の通りである。

釈迦によって創唱された仏教、その仏教の考古学的調査研究は、必然的に仏教考古学の分野に市民権をあたえることになっていった。しかし、仏教考古学の存在は明確でありながら、それを体系化する試みは顕著ではなかった。仏教美術の研究に大きな業績を残したA. Foucherは*Notes dárchéologie bouddhique*（1909）の連作を執筆し、仏教考古学としての研究視点を提示したが、それを組織化することはなかった。A. Foucherにかぎらず、多くの人びとは仏教関係の物質的資料を考古学の方法で研究することは自明のことであり、仏教考古学の存在をさして詮索することなく受け入れてきていたのである。

かかる状況を基督教考古学（Christian Archaeology）の研究と対比させて考えた濱田耕作によって仏教考古学（Buddhistic Archaeology）の成立についての慫慂が日本の考古学界に寄せられたのである。

柴田常恵などによる『佛教考古學講座』の編集は、まさにそれに応えるものであったが、未だ日本の考古学界にその機が熟さずに終ったのである。ただ、この講座の刊行によって日本の考古学界は、仏教考古学分野の存在を受容することになっていった。

柴田を助けて講座の編集に関与した石田茂作は、日本における仏教考古学の体系化に尽力し、それを果したのである。

いま、われわれは、石田によって体系化された仏教考古学を、東北アジアの地を越えて広く仏教の伝播地域に定着させたい、と願っている。そのためにも、仏教考古学の概念と本質の問題を、また、対象資料についての知見を私なりに検討し整理しておくことが必要であった。

二　仏教考古学の歴史

仏教の遺跡・遺物に関する調査は、仏教発祥の地インドにおいて一九世紀の後半に着手された。[1]もっとも一八世紀の後半から一九世紀の初頭にかけては、いわゆる書斎—机上—考古学的研究と称される研究分野の萌芽は認められたが、それらの趨勢のなかにあってわずかではあるが仏塔遺跡の調査も試みられてきた。

インドにおける仏教遺跡—釈迦関係遺跡および仏塔遺跡の調査は、一八六二年に本格的に発足したインド考古調査局によって着手され、とくにA・カニンガムの努力によって軌道にのったといえる。インド考古調査局はその後、一時閉鎖されたが、一八七〇年に再開され、A・カニンガムが一八八五年に本国に帰国するまで同氏を総裁として各地で活発な調査活動が行なわれた。その調査範囲は主として北部と東部であったが、『*Archaeological Surbey of India*』(全二三巻)などによって成果が公けにされた。また、『*The Ancient Geography of India*』(1924)を著わし、古代インド史全般にわたる見通しをあたえたのである。この書は、玄奘の『大唐西域記』の記述を手掛りとして仏跡を探策したものであり、以後における仏教遺跡調査の指針となったのであった。その後、J・バージェスを中心とする西インド考古調査局が一八七三年に、南インド考古調査局が一八八三年に開設され、ここに全インドにわたる調査体制の確立がなされ、それに伴って仏教遺跡の調査も次第に進展していったのである。その間、J・ファガーソンとJ・バージェスによる大著『*The Cave Temples of India*』(1880)が刊行され、石窟寺院の全容が明らかにされた。インド考古調査局の総裁にはその後J・バージェスをへて一九〇二年に、J・H・マーシャルが就任し、さらに多くの仏跡が調査された。とくに、ラージギール、サヘート・マヘート、サーンチー、そしてタクシラの調査は著名である。これら初期の仏跡調査は、その規模は決して大きくはないが、その後における研究の拠所を提起したものとして高く評価されている。インドにおける仏教遺跡の調査はその後も継続され、各地において多くの遺跡が発掘調査され多数の報告書が刊行されている。これら一連の報告書は、それの調査が組織的かつ計画的であり、かつ学的水準の高いものであり、現在においてもインド仏教遺跡調査の基礎的業績とされていることは改めて指摘するまでのこともない。しかし、かかる膨大な調査報告書類はそのまま遺跡の調査報告書として重要であるが、それらを纏めた著作が公けにされだしたのはごく近年のことである。その代表的なものとしては、P. Brown の『*Indian Architecture, Buddhist and Hindu Periods*』（1959）、S. Dutt の『*Buddhist Monks asd Monasteries of India*』（1962）、H. Sarkar の『*Studies in Early Buddhist Architecture of India*』（1966）、D. Mitra の『*Buddhist Monuments*』（1971）、V. Dehejia の『*Early Buddhist Rock Temle, a chronological Study*』（1972）などがあり、また、高田修の『佛教美術史論考』（一九六九）所収の「インドの仏塔と舎利安置法」「僧院と仏塔―インドにおける伽藍の形成―」「インドの石窟寺院」がある。このような労作によってインドにおける古代仏教寺院の実態が明らかにされつつあるが、一方、初期の仏教遺物の研究が仏教美術としての観点から着手された結果、それの調査はごく最近にいたるまで美術史としての把握が中心であった。もちろん、仏教図像学（Buddhist Iconography）的な立場からする研究は独自の領域を開拓してきたが、遺跡との相関関係の把握が必ずしも充分であったとはいえない。そこには、仏教の寺院と仏像彫刻などとの有機的関連性の究明が将来の課題として残されていることを知ることができるのである。

アフガニスタンにおける仏教遺跡の調査は、フランス・アフガニスタン考古学調査団によって実施され、報告書の出版もされている（*Mémoires de la Délégation archéologique francaise en Afghanistan.*）が、一方、京都大学イラン・アフガニスタン・パキスタン学術調査報告書も刊行され、アフガニスタンおよびパキスタンにおける仏教遺跡の調査成果が公けにされている。これらアフガニスタン・パキスタンにおける仏教遺跡の調査もある意味においてインドにおける仏教遺跡の調査と軌を一にしており、各地域における仏教寺院の実態闡明に大きな役割りを果している。

また、中央アジアにおける仏教遺跡の調査は、A. Stein, P. Pelliot, A. V. Le Coq, S. Hedin 大谷探検隊などによって調査され、多くの成果が知られているが、それは必ずしも考古学的な観点からする計画的な発掘調査としては充分ではなく、将来におけるより詳細な調査が期待されている。

中国における仏教遺跡の調査は、主として石窟寺院に対する調査が中心であった。東方文化研究所（京都大学人文科学研究所）の水野清一・長廣敏雄による響堂山、竜門、雲崗石窟の調査研究がその代表的なものであり、それぞれ大部な報告書が出版された。しかし、平地寺院跡に対する調査は試みられることなく、ごく最近にいたるまで中国の仏教寺院の考古学的調査は石窟寺院に限られていた。近年の宿白『中國石窟寺研究』（一九九六）はその代表的な成果である。それに対して、朝鮮半島の三国時代寺院跡の発掘調査は、朝鮮古蹟研究會などによって、高句麗・百済・新羅の平地寺院跡がとりあげられ、それぞれ伽藍の実態を明らかにするところがあった。一方、中国東北部（旧満洲）においては渤海関係の平地寺院跡が発掘された。[2]

このように海外における仏教遺跡の調査は、それぞれの地域において多くの仏教遺跡とくに寺院跡に視点をおく発掘が試みられてきたが、わが国における研究も寺院の調査を中心として実施されてきた。[3]なかでも石田茂作による飛鳥時代寺院跡の研究（『飛鳥時代寺院址の研究』一九三六、『総説飛鳥時代寺院址の研究』一九四四）、角田文衞の編輯による『国分寺の研究』[4]（一九三九）は、それが表面調査を主とする研究であったとはいえ、出土遺物の研究とともに寺院跡調査の一方向を示したものであった。それは鎌谷木三次による『播磨上代寺院阯の研究』（一九四二）のごとき追従研究を生んだのである。古代の寺院跡を計画的に発掘調査し、伽藍の実態を究め、出土遺物との相関関係を把握する画期的な調査方法がはじめて実施されたのは一九二八・二九年に肥後和男によって行なわれた滋賀県の南滋賀廃寺・崇福寺跡の調査に際してであった。これ以前にも奈良県の法隆寺および川原寺跡の一部が発掘されたことはあるが、肥後による発掘は寺院跡調査における一つのエポックとなったのである。その後、大阪府百済寺跡

（一九三二）、京都府北白川廃寺（一九三四）、同北野廃寺、高麗寺跡（一九三八）、そして、一九三九年には、法隆寺再建非再建問題の解決に決定的な資料を提供した若草伽藍跡の発掘が石田によって実施された。一方、東国の地においては高井悌三郎によって一九三九年に茨城県新治廃寺跡の発掘調査が行なわれ、双塔具備の寺院形態が明らかにされた。

その後、一九四八年頃から寺院跡の調査は発掘を伴うことが一般的になり、それはわが国最古の寺院として著名な奈良県飛鳥寺跡をはじめ国分二寺跡を含めて全国の寺院跡に及んだのである。それに伴って出土瓦の調査も進み、とくに宮殿跡の調査の進展とあいまって新しい古瓦様式論を生むにいたったのである。

一方、古代寺院跡の発掘結果は、伽藍構成が極めて計画的であったことを示し、石田によって地割論が論究されるにいたった。

わが国においては寺院跡のほか、摩崖仏、仏具、経塚、石造塔婆類、墳墓などに対する研究も試みられてきているが、それは石田、川勝政太郎、服部清道、日野一郎などによる一連の塔婆の調査、濱田などによる摩崖仏の調査、坪井良平による梵鐘、廣瀬都巽による磬、香取秀真による鰐口、久保常晴による雲版、石田による密教法具の研究、石田・三宅敏之などによる経塚の研究、梅原末治・森本六爾・藤澤一夫などによる墳墓の研究など、それぞれ考古学的な観点から行なわれたものである。このような研究は、海外においては系統的な研究がなく、わが国における仏教考古学研究の一特徴と称することができるであろう。

註

（1）インドにおける考古学研究史については、S. Roy『*The Story of Indian Archaeology—1784～1947—*』（1961）が要をえている。

（2）中国・朝鮮半島における調査については、水野清一『東亜考古学の発達』（一九四八）がある。
（3）日本における寺院跡調査の歴史については、内藤政恒「寺院跡研究の現状」（『歴史教育』一〇―三、一九六二）があり、また、斎藤忠『日本古代遺跡の研究―総説―』（一九六八）には詳細な文献目録が収録されている。
（4）発掘の成果を収めた角田文衛編『新修国分寺の研究』（七巻、一九八六～九七）が刊行された。

三　釈迦の故郷を掘る

釈迦（Gautama Buddha, B・C四六三～三八三―中村元説）の遺跡は、ネパールとインドの国境を挟んで分布している。生誕の地ルンビニー（Lumbini）はネパール、また出家の地カピラヴァストゥ（Kapilavastu）の故城はネパールのティラウラ コット（Tilaura kot）かインドのピプラハワー（Piprahwa）、ガンワリア（Ganwaria）かの二説があり、まだ定まっていない。

出家後の、開悟の地ボードガヤー（Bodhgayā）、初転法輪の地サールナート（Sārnāth）、入滅の地クシナガラ（Kusinagara）は、インドのビハール州とウッタル・プラデーシュ州にかけて存在し、生誕の地ともども四大仏跡と称されている。

釈迦の遺跡は、生誕～生育そして出家までを過ごした故郷、出家～開悟・教化巡錫説法～入滅の有縁諸地に大別される。

故郷の遺跡は、ガンジス河の上流、バーンガンガ河の左岸、カピラヴァストゥ（生育～出家の城）の地で古城跡などが散在し、東方にはルンビニー（生誕地）が存在する。かつて、伝承の人であった釈迦が、実在の人であったことが明らかにされたのは、一九世紀の末、タライ（Terai）で発見されたアショーカ王（即位B・C二六八～二三二）の石柱とピプラハワー塔跡出土の舎利容器であった。一八九六年にA. A. Führerが確認したルンビニーにおけるアショーカ石柱、一八九八年にW. C. Peppeが発掘したピプラハワーの舎利容器にはそれぞれ釈迦に関する銘文が認められ、釈迦の実在が明確となった。

ルンビニー石柱の発見は、生誕の地であることを明らかにし、ピプラハワー舎利容器の出土は釈迦（あるいは釈迦族）の実在を示すことになった。一八九八年、V. Smithの指導のもとタライの考古学的調査を実施したP. C. Mukherjiは、カピラヴァストゥはティラウラ コットであると考えた。Mukherji説は、A. CunninghamのNagar説、A. A. FührerのSagarwa説に対し、遺跡の構造、発掘遺物の検討など考古学的発掘に立脚したものであった。他方、ピプラハワー発掘の舎利容器の銘文（「釈迦の遺骨」）解釈をめぐる論争、さらに、ピプラハワーこそカピラヴァストゥであろうとする意見も提起されるようになった。

カピラヴァストゥの所在地をめぐる問題は、法顕（中国東晋代の仏僧A・D三三七（?）～四二二）の『法顕伝』と玄奘（中国唐代の仏僧A・D六〇二～六四）の『大唐西域記』の記述にルンビニーとの位置関係に齟齬があり、ティラウラ コットかピプラハワーか、決することがなかった。

一八九〇年代の考古学的調査は、カピラヴァストゥ所在地を決することがなかった。その後タライ地方を訪れた学者・僧のほとんどはルンビニーとピプラハワーであり、ティラウラ コットは稀であった。蓋し、交通不如意の僻地の感があったからであろう。

一九六〇年代の前半、仏典研究と仏跡踏査の目的でインドのデリー大学に留学した中村瑞隆（後・立正大学第二二代学長）は、一九一六年に梵語研修と仏跡調査で日蓮宗から派遣された岡教邃の足跡をたどりカピラヴァストゥをBarkuruwakotとした岡説を検証すべくタライ地方を踏査し、カピラヴァストゥ問題の解決を意図するようになった。その結果を踏まえて、一九六六年の末、仏教学及び地理学・考古学の分野の研究者ともどもカピラヴァストゥ周辺の踏査を行った。ティラウラ コットについては、一九六九年にインド考古局のD. Mitraによって小発掘が行われたが、その後、ネパール考古局においては調査実施の計画がなかった。よって、一九六七年から七七年にかけてネパール考古局と立正大学は共同して発掘調査を実施した。

ティラウラ コットは、南北約五〇〇メートル、東西約四五〇メートルの長方形、周囲は煉瓦壁に囲まれ、南と東には堀が認められた。内部には八遺構と池跡二が認められ、東西南北に各門跡が見られた。発掘はⅦ号丘を主にⅡ号丘も対象とした。その結果、Ⅶ号丘は、シュンガ期（B・C一八七～七五）、クシャーナ期（A・D六〇～二〇四年頃）を中心とする遺構が重複検出され、マウリヤ期（B・C三二七～一八〇）の遺物も出土した。土器にはN・B・P（北方黒色磨研土器）の出土があり、最下層は彩文土器の時代に遡ることが知られた。テラコッタ・コインのほか、石・銅・鉄製品もあり、遺物の出土量は夥しかった。発掘の報告書は『*Tilaura kot*』Ⅰ・Ⅱ（二〇〇〇、一九七八）として発表した。

ティラウラ コットの発掘中（一九六七～七七）、インド考古局は、ピプラハワー（一八九八年発掘の塔跡）と至近地のガンワリアの発掘（一九七一～七七）に着手した。ピプラハワーからは、かつて発掘された舎利容器と同形のもの二点（ソープストーン製）及び「Kapilavastu」銘のシールが出土し、所在地論も確定したかの感があった。しかし、銘は「マハ、カピラヴァストウの比丘サンガ」など、年代はクシャーナ期を上限とする時期のものであった。ピプラハワー塔は、K. M. Srivastava の調査により径三五メートル、高さ六・五メートルであり、何回かの増広が行われたことが明らかにされた。塔の周辺には僧房跡が検出され、ガンワリアからは、大規模な僧房跡が発掘された。発掘の報告書は『*Excavation at Piprahwa and Ganwaria*』（*Memories of the Archaeological Survey of INDIA, 1996*）である。

ルンビニーの発掘は、一八九八年にP. C. Mukherji によって実施されたが、その後、一九三二年から三九年にかけて、ネパール政府が Kaisher shemsher J. B. Rana により大規模な発掘と整備が行われた。その結果、一八九〇年代の状態は変容し、マヤ堂が整備され生誕池が一変した。この発掘の報告は発表されなかったが、同時期に日本の平等通昭、尾高鮮之助、山本晋道などが訪れて発掘の状況についての記録を残している。その後、一九六九年にD. Mitra によって石柱周辺の発掘が行われたが、一九七〇年代～八〇年代にかけてネパール考古局が発掘を伴う整備を実施し、マヤ堂の周辺から塔跡、僧房跡などを発掘した。B. K. Rijal、T. N. Mishraなどによる一連の発掘である。その後、マヤ堂修復（菩提樹の生育による根の浸食のため）を目的とする解体調査が一九九二年から九五年にかけて（財）全日本仏教会によって実施された。この調査によって、マヤ堂の直下からマウリヤ期と推定される「印石」（七〇センチ×四〇センチ×一〇センチ）が発見され、アショーカ石柱の銘文との対応関係において理解されるものとなった、「印石」の発見によりルンビニーは一九九七年に世界文化遺産に登録された。報告書 *Lumbini : The Archaeological Survey Report, 1992〜1995*（2005）は、（財）全日本仏教会から刊行された。

釈迦の故郷の考古学的調査は、一八九〇年代末に着手された後、一世紀を経て、新たな調査研究の段階に到達した。

ネパールタライ地方におけるN・B・P出土遺跡の悉皆調査が期待されている。

補記

一般社団法人 日本考古学協会の第七八回総会が二〇一二年（平成二四）五月二六・二七日に立正大学を会場として開催された。その記念講演「釈迦の故郷を掘る」の要旨である。

なお、同会の第四七回総会が一九八一年（昭和五六）五月九・一〇日に立正大学を会場として開催された際、記念講演として中村瑞隆が「カピラ城跡を掘る」と題してティラウラコット遺跡の発掘について紹介したことがある。

四　法華経と考古学

㈠　多宝山の夜明け

『妙法蓮華経』序品第一は「かくの如く、われ、聞けり。一時、仏は王舎城の耆闍崛山の中に住したまい、大比丘衆、万二千人と得なりき」（坂本幸男訳注『法華経』、岩波文庫）と開巻する。

釈迦の在世時、マガダ国の首都であった王舎城の北東、霊鷲山で『法華経』をはじめ多くの大乗経典を説かれた次第が彷彿と浮かんでくる。

かつて、中国・東晋の法顕（三三九頃〜四二〇頃『法顕伝』）、唐の玄奘（六〇二〜六四『大唐西域記』）も王舎城の霊鷲山を訪ね詣でた。

釈迦の遺跡—カピラ城跡の探究を目指した立正大学のインド・ネパール仏跡調査に参画する機会を得た私にとって、霊鷲山詣と踏査は、釈迦の四大仏跡（生誕の地・ルンビニー、成道の地・ボードガヤー、初転法輪の地・サールナート、涅槃の地・クシナガラ）行とともども願望であった。物心がついた頃から、日常的に聴聞してきた『法華経』が説かれた霊鷲山は、まさに憧憬であった。他方、石田茂作先生に師事して学んできた仏教考古学の主な研究対象として釈迦の遺跡には格別の思いがあった。

釈迦の故郷（タライ地域）と共に釈迦が歩まれた地の考古学的遺跡に対する関心は、故郷の発掘事業を進めていく過程において高揚していった。

一九六七年の初日の出は、インドのビハール州ラージギルのラトナギリで迎えた。ラージャグリハ（王舎城）「多宝山」の山頂である。

前年の大晦日、ラージギルの日本山妙法寺・八木上人、ボンベイ・日本山妙法寺の酒迎上人の先導のもと、中村瑞隆先生、松井大周師に随伴し「多宝山」と霊鷲山において暁天参拝を果すべく、伝ビンビサーラ道の石段を題目唱和と団扇太鼓の木霊を耳にしながら登った。篤信のインドの人達も加わった一〇余名であった。われわれのほか、銃を肩にした警官一名が同道した。

近頃、霊鷲山に向かった日本人が盗賊に襲われたので警護であると言う。

マガダ国の首都であったビンビサーラ王の王舎城（旧）は、六つの山に囲まれた自然の要害に選地していた。北のヴイパラギリとヴィプラギリ、東のラトナギリとチャタギリ、南のソーナギリとウダヤギリ、の六山である。ギリは

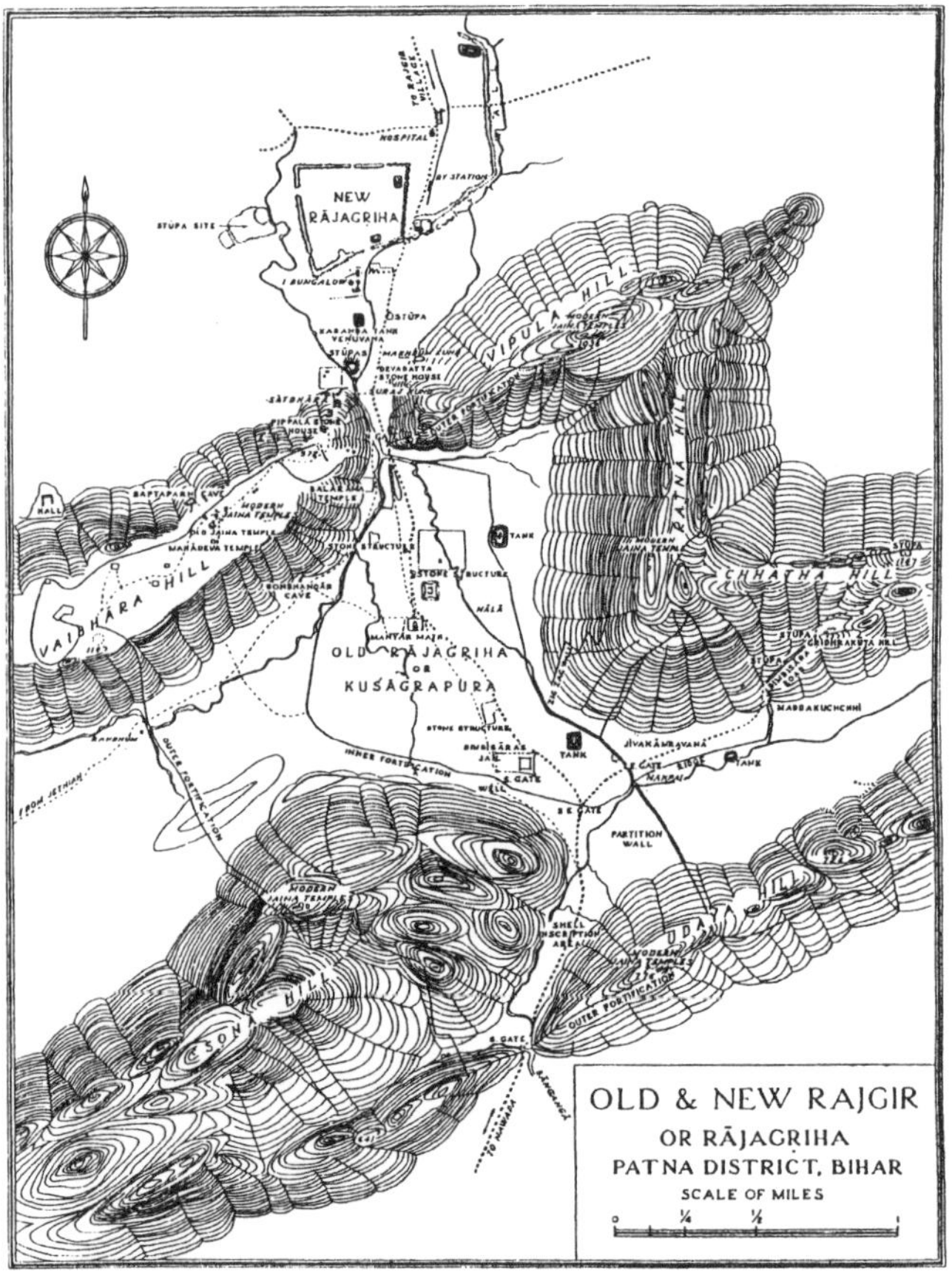

図１　王舎城（インド考古局原図）

山の意、ヴイパラとヴイプラの間に北門、ソーナとウダヤの間に南門、チャタとウダヤの間に東門があった。

六山の最高峰チャタギリには霊鷲山が存在し「多宝山」比定地が位置している。

八木上人主導の一行は「多宝山」の頂上に日本山が造立した伏鉢塔に向かって座し、大晦日の夜を徹して初日の出まで、僅かの小休止をとったほかは『法華経』（方便品と如来寿量品）と題目唱和がくり返された。寒さの募る夜のしじまのなか、大太鼓が暁闇の霊鷲山にまで響き渡った。そして、初日の出と同時に酒迎上人の合図により「見宝塔品第十一」が読誦され新年を祝った。雑煮が振る舞われ、中村先生持参のウイスキーが屠蘇となった。

題目唱和の後、団扇太鼓を手に霊鷲山にいたり、山上の「香堂跡」で焼香して下山した。

元旦と翌日の二日間、中村先生の東導により旧・新の王舎城跡をめぐった。発掘された遺跡と伝承の地であった。限られた時間ではあったが、大きな感興を得ることができたのである。

一九六七年に着手したカピラ城跡の探究は一〇余年に及んだ。ティラウラコット遺跡の発掘調査の宿舎で中村先生は大曼荼羅を掛け、朝夕の勤行を欠かすことはなかった。往復のホテルでも変ることがなかった。

発掘調査の折折に『法華経』についてお話しくださったが、後に出版された『ほんとうの道・法華経』（一九八四）を拝読して往時の説法を思い出した。また、ネパールのカトマンズやインドのデリーで図書館にお伴したことが何回かあったが、それは『梵文法華経写本集成』（一二巻、一九七七～八一）の史料調査であった。常にノートにメモしておられた先生のお姿が走馬灯のように浮かぶ。発掘、旅の途中で「考古学を専攻するあなたは『法華経』をど

図２　1967年（昭和42）元旦 多宝塔の山頂
（中村瑞隆先生 前列左端）

う読みますか」とのご下問が度度あった。私なりに、造塔のこと、精舎のことについて納納と答えたこともあった。「法華経」の信仰と研究に生涯を捧げられた先生は『現代語訳　法華経』（上・一九九五、下・一九九八、春秋社）を完成して二〇〇三年一一月九日に遷化せられた。法号「求道院巡歴瑞隆日邦法師」は自ら定められた。お元気であれば、二〇一四年は世寿九九歳、白寿にあたる。

この度『法華』誌より機会があたえられので、中村先生を偲び乍ら「法華経と考古学」をめぐる管見を綴らせて頂くことにした。羊頭狗肉の断章であるが、考古学を細細と学んでいる不束な非才の瑣事として容赦を願えれば望外である。

(二)　霊鷲山探求

かつて、マガダ国の都であった王舎城跡（ラージギル・Rājgir）は、仏跡の巡礼者にとって決して等閑視することのできない聖地である。『法華経』をはじめ多くの大乗仏典が説かれたとされる舞台の霊鷲山（グリドラクータ・Gṛdhakuta 耆闍崛多）、説法揺藍の故地とされる竹林精舎（カランダカ・kalandakanivāpa）をはじめ『大パリニッパーナ経』に見える釈迦有縁の地が点在している。

古く、法顕・玄奘が訪れ巡礼記を残し、それを手掛りに一九世紀の末葉から二〇世紀の初頭にかけてA・カニンガム、J・H・マーシャルなどによるインド考古調査局の踏査と発掘調査が実施され、六山に囲まれた旧王舎城、北西の平地に築かれた新王舎城の知見が得られた。旧城内の伝ビンビサーラ幽閉牢獄跡と旧城外の伝竹林精舎、新城内の発掘により前二～一世紀、四～六世紀などの仏教関係の遺構群の検出をはじめ、多くの洞穴群が調査された。さらに二〇世紀の中頃には、伝竹林精舎の池、旧城内の伝ジーヴァカ（Jivaka 耆婆）の果樹園、旧城南門付近の遺構などが発掘され、マガダ王舎城とその後の様相が次第に知られるようになってきた。

J・H・マーシャルによる発掘調査は、一九〇五～〇六年に実施されたが、それに先立ち一九〇二～〇三年に王舎城の全域調査が大谷光瑞の率いるインド仏跡調査隊によって行われた。大谷のインド仏跡調査は、北インドからネパールの釈迦聖地の巡拝と調査を目的として実施された。とくに王舎城跡については、一九〇二年一二月二八日から一九〇三年一月一六日にかけて踏査された。調査は、王舎城跡の全域図の作成、「大迦葉結集屈」の探査、霊鷲山の調査などであったが、とくに霊鷲山の踏査は全山に及び石窟の所在・塔跡の存在などを確認して分布図が作成された。

大谷にとって霊鷲山は『法華経』『無量寿経』『楞伽経』などの大乗仏典が説かれた聖地として格別の思いがあった。この調査結果は、インド考古調査局に報告され、一九〇五年には、霊鷲山頂上「伝香堂跡」の南方崖下の平地に残る塼造塔跡の発掘を願い出て実施された。これらの成果については、上原芳太郎により記録されている（『印度紀行』『新西域記』上、一九三七ほか）。後に河口慧海と共に発掘地を訪ねた高楠順次郎は「南崖の斜巌に師（註・大谷光瑞）の銘あり、霊鷲山の字は明かにこれを認め得べし」と記した。大谷調査隊によるチャタギリ山、霊鷲山比定地の発掘は、インド考古調査局による一九〇五年〜〇六年の調査実施に直接間接に刺激をあたえた。

インド考古調査局と大谷インド仏跡調査隊による王舎城跡の調査は、共に、法顕と玄奘の巡礼記に導かれたものであった。とくに、大谷による霊鷲山の比定地とその周辺の悉皆調査は、インド考古調査局の伝竹林精舎跡などの発掘ともども王舎

図３　霊鷲山の頂上（上）と「伝香堂跡」（下）

城跡の現状を示す知見となり、仏跡巡拝の識者にとって有用な情報を伝えることになった。以降、邦人の王舎城詣が見られるようになっていった。

一九一五・一七年の岡教邃の王舎城踏査もその一例であった。岡は一九一五年の踏査を経て一九一七年に再び王舎城跡を調査し霊鷲山の一頂上に「法華玄題塔」を立てた。自ら大鉄筆を揮って、「題目」と「釋迦牟尼佛説法華經等常在霊鷲山根本最勝地」「大日本沙門教邃記刻」と自然石に刻んだ。岡は、一九一五〜一七年に日蓮宗の印度留学生として「梵文」「仏跡探査」を目的として派遣され、帰国後は立正大学教授となり『印度佛蹟寫眞帖』（一九一六）『梵文和譯　法華経』（一九二三）を執筆し、『釋尊傳』（一九二九）を刊行した。

図４　岡教邃と「法華玄題塔」

図５　鷲の峰の整備された洞窟

鹿子木員信（『佛蹟巡禮行』一九二〇）藤田義亮（『佛蹟巡禮』一九二二）重田勘次郎（『佛と印度佛蹟』一九二六）高楠順次郎（『印度佛蹟寫眞解説』一九二六）暁烏敏・暉峻康範（『印度佛蹟巡拝記』一九二八）などの巡礼記は、それぞれの体験を記したものであるが、王舎城—霊鷲山の状況を活写している。なかでも暁烏敏は、霊鷲山に比定された頂上の「香堂跡」で「とても『法華経』や『無量寿経』に記してあるように一萬二千人のものが集まれそうもない。衆僧の住家は竹林精舎であって恐らく此處は釋尊が瞑想にお出になった所」であり「釋尊の内的生活を後人が書いたもの」と感想を記した。

藤井日達は、一九三一年に霊鷲山に詣でた後、伝竹林精舎の東方に日本山妙法寺、霊鷲山の西方「多宝山」に仏舎利塔（伏鉢型）を建立した。山本晋道『天笠紀行』（一九四一）には、一九三七年の妙法寺が紹介されている。

その後、一九五三～五五年にD・R・パティルなどにより発掘されたジーヴァカ果樹園からは、釈迦時代の遺物を伴出する遺構が検出され、初期の精舎の一形態が明らかにされた。

これらの発掘調査により次第に王舎城の実態が知られてきたが、広大な城跡の内外の実相は明らかにされることなく、調査研究の進展が期待されている。

(三)　王舎城の精舎

王舎城には、釈迦に所縁の場所が遺存している。『法華経』『無量寿経』『楞伽経』などの説法を伝える霊鷲山、仏教伽藍の初現とされる竹林精舎をはじめ、釈迦に帰依したビンビサーラ（頻婆沙羅）王に関する伝承地が点在している。釈迦は「（王舎城）は楽しい。（鷲の峰）という山は楽しい。ゴータマというバニャンの樹は楽しい。チョーラ崖は楽しい。ヴェーバーラ山腹にある（七葉窟）は楽しい。仙人の山腹にある黒岩（窟）は楽しい。寒林にある（蛇頭岩）の洞窟は楽しい。タポーダ園は楽しい。竹林にあるカランダカ栗鼠園は楽しい。（医師）ジーヴァカのマンゴー樹園は楽しい。マツダクツチの庭園は楽しい」と回想している（中村元訳『ブッダ最後の旅　大パリニッバーナ経』岩波文庫）。

これらは、アーバサ（住処・āvāsa）とアーラマ（園・ārāma）に大別され、前者は任意の住空間、後者は寄進された区画にヴィハーラ（精舎、房舎）を含んだ説法修学の空間であった。アーバサは雨季の場所（雨安居）であり、ヴィハーラは伽藍の形成に発展していく。

王舎城には、アーバサとしての「窟」、アーラマとしての「精舎・園林」の存在を想定することができる。

釈迦が楽しかったと回想した鷲の峰には、十大弟子のマハーカーシャパ（摩訶伽葉）・シャーリプトラ（舎利弗）・アーナンダ（阿難）などの生活を伝える洞窟、釈迦の涅槃の後に第一結集が行われた伝承のある七葉窟などが存在している。東のラトナギリ、北のヴイパラギリに見られる洞窟（半洞窟）の多くはアーバサとして利用されていた可能性があろう。A・カニンガムをはじめJ・H・マーシャルそして大谷光瑞をはじめ、王舎城に仏跡に訪ねた高楠順次郎・岡教邃・暁烏敏など七葉窟の所在を求めて渉猟した記録が残されている。

洞窟には、大石が人工の石室のように組合い方形の空間が形造られているA類、大石が合掌状に組合って狭長な空間が構成されているB類、入口が狭小で奥行きのある広い空間をもっているC類、意図をもって人工的に掘削されて室状の空間を形成しているD類、斜面・崖の一部が窪んだE類の五種が見られる。鷲の峰の頂上付近に見られるA類、ヴイパラギリのC類には、それぞれ伝承がある。A類を用いた人、C類の利用が具体的に物語られている。B・E類は東、C・D類が北に主として見られる。D類は、三〜四世紀頃のジャイナ教徒の信仰空間などである。

中村瑞隆先生は、鷲の峰の洞窟A類に坐して暫しの瞑想の後「雨季に体験したいですね。インドの大地を身体で感じることによって釈尊の教えに接近することが出来るでしょう」と囁かれた。

鷲の峰（霊鷲山・耆闍崛多）には、釈迦の説法を伝える「香堂跡」がある。頂上の平坦部の塼造の方形区画よりは旧王舎城跡が眺望され、巡礼者の香華が絶えない。この地は一九〇二〜三年に大谷光瑞のインド仏跡調査によって確認されたと言われている。

釈迦が「楽しい」場所と回想している「竹林にあるカランダカ栗鼠園」の比定地—竹林精舎跡は、一九〇五〜六年にインド考古局によって発掘され、紀元前に遡る建物跡などが重複して検出された。一九五六年には池跡（カラカンダ）も発掘された。釈迦在世時のアーラマについては明らかではないが、集会の施設（講堂）と房舎が樹林のなかに建立されていたのであろう。竹林精舎の北には「寒林」が位置している。寒林は墓域、その他はアーラマ近く、アーバサの至近地に存在していたと想定される。「精舎は町から遠ざからず近からずに」はこのような在り方を暗示している。竹林精舎が当時の王舎城の北門外に位置していたことは寒林のあり方とともども考えることが肝要であろう。他方、東門内に存在していた「ジーヴァカのマンゴー樹園」に比定される地域の発掘が一九五三〜五五年にインド考古調査局（D・R・パティル）によって実施された。南北方向に主軸を有する長方形の建物二棟が内庭をなかに東西に並んで発掘された。建物の基礎は石積みで短辺は弧状を呈し、庭に面して共に二つの出入り口をもち、付近には井戸が存在している。この区画の東に

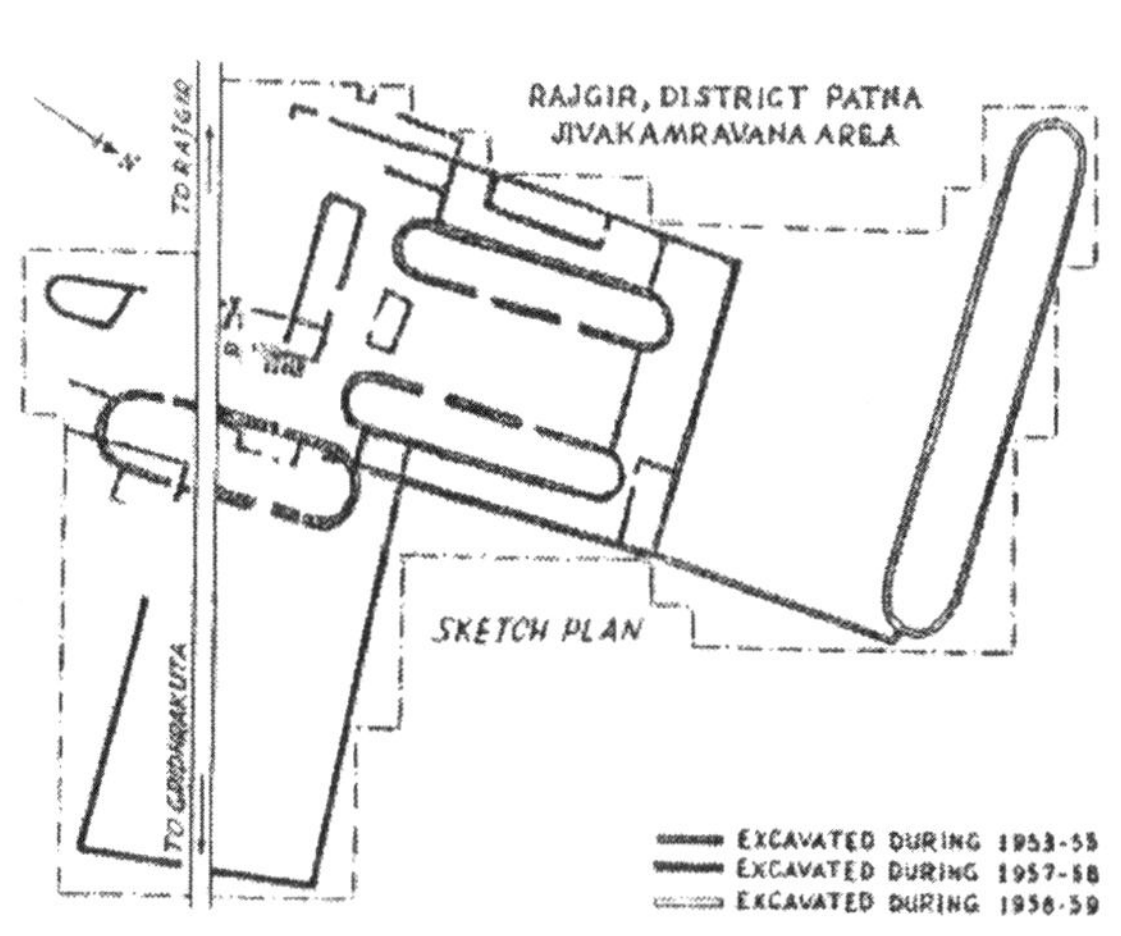

図６　「ジーヴァカ」発掘の建物跡

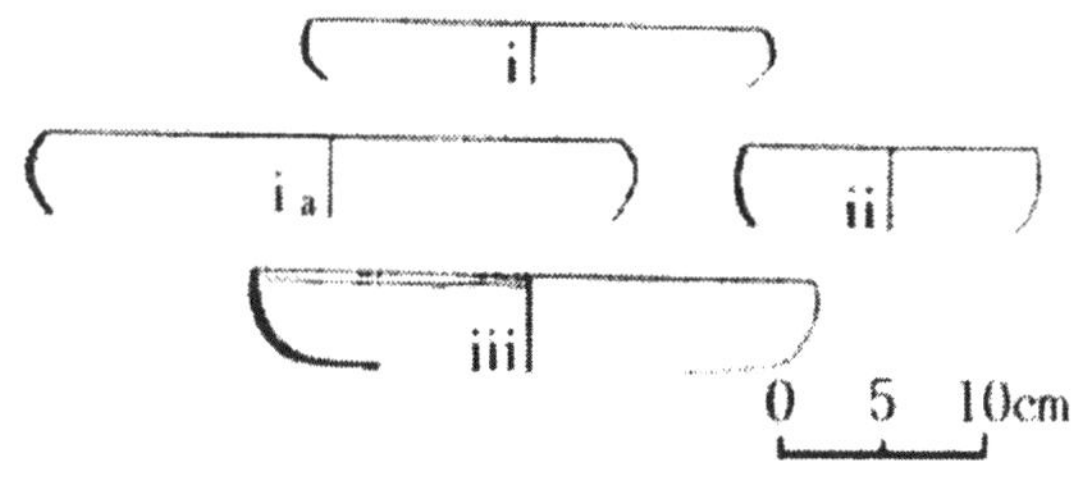

図７　「ジーヴァカ」出土の土器（N・B・P）

接して一棟、北に離れて同形態の建物の存在が確認された。その四棟は、いずれも短辺は楕円形の長大な同形状の建物跡であった。東西に並ぶ建物は主軸約三五メートル、幅約六メートル、出入り口部は二～三メートル。東西に並ぶ建物などの築造年代は、発掘された土器（北方黒色磨研土器、N・B・P）から紀元前五～二世紀と考えられている。

ジーヴァカの建物は、石の基礎をもった短辺楕円形の細長い形のもので、塼（煉瓦）建物の竹林精舎とは異なるものであり、アーラマの一型であった。釈迦回想の「楽しい」ところは決して同じではなく、それぞれが目的に応じて存在していたと考えられる。

鷲の峰における教法の背後に往時の王舎城の状況を推測することが求められる。

㈣　宝塔涌出

霊鷲山の「香堂跡」において香華読経の後、中村瑞隆先生は北方の「多宝山」を指して「宝塔涌出が擬された多宝山はあの辺りでしょうか、彷彿としますね」と洩らされた。

『妙法蓮華経』見宝塔品第十一は「その時、仏の前に、七宝の塔あり、高さ五百由旬、縦広二百五十由旬にして、地より涌出し、空中に住在せり」（坂本幸男訳注『法華経』）と説きはじめる。鷲の峰（霊鷲山）で法を説く釈迦の前に「高さ約七五〇〇キロ、その基底二分の一」の巨大な塔が地から涌き出て虚空に聳え立った。塔は、多宝如来の全身で釈迦を塔中に据き入れ「二仏並座」となった。過去と現在、そして未来を説く場景の形象であった。七宝（金、銀、瑠璃、硨磲、瑪瑙、真珠、玫瑰）でつくられた幡蓋、五千の欄楯には宝の瓔珞が飾られ、芳香を放つ塔は、虚空会の臨場となったのである。

中村先生は「塔の形は、日本山妙法寺がインドの古塔に準えて建立した宝塔型の塔でしょうか。そのうちサーンチーに行きましょう」と話された。

『妙法蓮華経』の二処三会〔前霊山会（序品第一～法師品第十）→虚空会（見宝塔品第十一～嘱累品第二十二）→後霊山会（薬王菩薩品第二十三～普賢菩薩勧発品第二十八）〕か、『サッダルマ・プンダリーカ・スートラ』（サンスクリットの原典）の二処二会〔霊山（第一章～第十章）→虚空（第十一章～第二十七章）〕か、いずれにしても「見宝塔品（塔の出現）に説かれている「塔の涌出」と「二仏並座」は、「目に見えない世界から目に見える世界への出現を意味するもの」であり「『法華経』の教えが時間を超越した永遠不変の真理であることの象徴的な表現」（中村瑞隆『現代語訳法華経』）と考えられる中村先生にとって〝宝塔〟の形は大きな関心事であった。

『法華経』の原典は、西北インドにおいて一世紀頃に成立したと考えられているが、その頃の塔の形についての認識は興味深い。

釈迦の遺体は火葬され、遺骨は八つのストゥーパ（舎利塔・Stūpa）に分骨、さらに灰塔と瓶塔がつくられた（中村元訳『ブッダ最後の旅　大パリニッパーナ経』、岩波文庫）。その後、アショーカ王（Asoka、阿育王、治世前二六八～二三二）は、七つのストゥーパを開いて得た舎利を収めた八万四千塔を造立したと伝えられている。当初のストゥーパと考えられている塔の発掘は、ピプラハワー（piprahwa）とヴァイシャーリ（vaisali）で行われた。ともに火葬骨が収められた容器が発掘されたが、上部の構造は明らかではなかった。

最古の塔は、前二世紀に造立されたサーンチー（Sānchī）の三塔であった。なかでも第一塔は、アショーカ王の時代の創建で後に増広され切石積された伏鉢塔である。周囲に四つの門をもった二重の石垣（欄楯）をめぐらし、門には仏伝などの浮彫がある。第二塔は、長老の遺骨、第三塔には釈迦の十大弟子であった舎利弗と目連の遺骨が分骨して合祀されている。方形の基壇上に半球形の伏鉢を配し、頂上に方形石垣と傘を立てる型は、伏鉢塔の特徴を示している。主体部の伏鉢はなかに「二仏並座」を収めるのに相応しい形であり、虚空の〝宝塔〟のイメージを彷彿とさせる。

サールナート（Sārnāth）のダーメーク塔（Dhamek）は、高さ三二メートル、基壇直径二八メートルの大塔で六世紀以前に造立された伏鉢塔の一種であり、また、ボードガヤー（Bodhgayā）の大塔は高さ五四メートルの尖頭方形を呈し、伏鉢塔と異なる塔形として知られている。

サーンチーの塔に見られる伏鉢型に屋根を付けた塔形が大乗仏教の流伝と共に北そして東アジアの各地に出現し、さらに塔の主体部である伏鉢に「二仏並座」が表現され「見宝塔品」の場景を示す資料となっている。それは、壁画・経典見返し・曼荼羅図・彫像・建築・造形物として見出され、法華信仰の流伝と定着を具体的に示している。

二仏並座は、五世紀中頃から六世紀初頭にかけて敦煌莫高窟（二八五窟―西魏、四六一窟―北周、三〇三窟―隋）の壁画、彫像は五世紀後半の雲崗石窟（五・六・九・一〇窟）に見ることができる。また、多数の二仏並座塼を出土している渤海（六九八〜九二六）の上京・龍泉府（東京城）における寺院跡の存在は、同地において法華経の信仰が盛んであったことを物語っている。日本においては、奈良時代の鋼板法華説相図（奈良・長谷寺蔵）、平安時代の板彫法華曼荼羅（岐阜・横倉寺蔵）

図９　ボードガヤー・大塔

図８　サールナート・ダーメク塔

図10　サーンチー・第一塔

に彫像、鎌倉時代の紺紙金銀描法華経金字宝塔曼荼羅（京都・木立寺蔵）、紙本法華経（慈光寺経、埼玉・慈光寺蔵）などの見返しに画かれている。また、平安時代には宝塔紋瓦、鎌倉・室町時代には石造宝塔が製作され、江戸時代の徳川将軍一四代の墓標はすべて銅・石製の宝塔型が用いられている。

中村先生のお伴をしてサーンチー、そしてボードガヤー、サールナートなどの塔を巡見した時々に、以上のような事柄を私なりに申し上げた。「涌出宝塔のイメージは矢張りサーンチーの塔でしょう」と微笑まれた先生の笑顔が思い出される。

(五)　教化の範囲と考古学

一九六七年一一月、釈迦出家の故城カピラ城跡を目指してティラウラ　コット遺跡の発掘に着手した。その初日、インド考古調査局のN・R・バナルジーが「N・B・P（北方黒色磨研土器）の発掘層の確認が鍵」と強調されたことが思い出される。カルカッタやデリーの博物館などで眼にした黒い土器は、すでにティラウラ　コットからも出土することが知られていた。以来、ガンジス河流域に点在する釈迦有縁の遺跡を踏査するとき常にN・B・Pに注目することになった。

N・B・Pは、ガンジスージャムナ両河の流域―ガンジスの平原を中心に分布する前五～二世紀の土器で、インドの北方から中部にかけての遺跡から出土する。とくに皿より深い鉢形の土器の存在が特徴的な文化の所産である。釈迦の時世は、考古学上、北方黒色磨研土器が使用されていた時代であった。

『妙法蓮華経』如来神力品第二十一は「所在の国土に、若し受持し読誦し解説し書写して説の如く修業するもの有らば、若しくは経巻所在の処ならば、若しくは園の中においても、若しくは林の中においても、若しくは樹下においても、若しくは僧坊においても、若しくは白衣の舎にても、若しくは殿堂に在りても、若しくは山・谷・曠野にても、この中に皆応に塔を起てて供養すべし。所以は何ん。当に知るべし、この処は即ちこれ道場なり」と説いている（坂本幸男訳注『法華経』、岩波文庫）。

『サッダルマ・プンダリーカ・スートラ』の中村先生の訳は「（その場所が）園林であれ、僧坊であれ、家（白衣の舎）であれ、林であれ、聚落であれ、樹の下であれ、高楼であれ、休息所であれ、石窟であれ、その所には、如来のために塔を建てるべきである」（現代語訳『法華経』前出）。

ここには教化の具象化としての仏塔建立が説かれている。しかし、かかる仏塔の建立は、『分別功徳品』第十七の滅後五品に説かれているような心象情景を含んでいると理解され、その塔形を具体的に認識することはできないであろう。

強化の活動は、マガダ国の首都王舎城、コーサラ国の首都舎衛城を中心とする地域をはじめ、ヴァッジ国の首都毘舎離、カピタカ国のサンカーシヤなど、八大聖地を含む範囲であったと考えられている。この範囲は、N・B・Pの土器を出土する遺跡の分布圏（ガンジス・ジャムナ両河の流域）であった。

北方黒色磨研土器の浅鉢形は、後世の「頭陀行托鉢」用具に近似しているが、当時の食生活にとって必須の器形として用いられていた。

その分布している範囲は、釈迦の歩んだ教化地域であり、法華経が形成された揺藍の地でもあった。

全日本仏教会が発掘し世界文化遺産に登録された釈迦の生誕地ルンビニー、釈迦の舎利が奉安されたピプラハワー塔とヴェーサーリー（毘舎離）塔などからもN・B・Pが出土していることは言うまでもない。

中村先生は、ティラウラ コット遺跡の発掘に際して「わたしの心をさらに大きく駆り立てたものは、釈尊がお育ちになられた地にじかに触れてみたいという、釈尊へのやみがたいあこがれだったのです」と回想された。出土土器が「釈尊当時のもの」と感じ、「釈尊も眺められた夕陽…踏まれた小径」そして発掘作業中「わたしの背後に釈尊がお立ちになって見守ってくださっている」と胸中を吐露されている（『ほんとうの道（法華経）』一九八四、集英社）。

発掘中、立正大学を退任したら「一人で釈尊の歩まれた最後の道を辿りたい」と何回も話された。定められた発掘を終え、調査結果を整理されながら立正大学長（一九八三〜八六）を務められ、一九八六年三月に退任された。そして一九九一年の春、宿願の釈迦の歩まれた道を辿られた。その間、一九七八年に仏教伝道文化賞が「仏跡踏査とカピラ城関連の発掘調査」

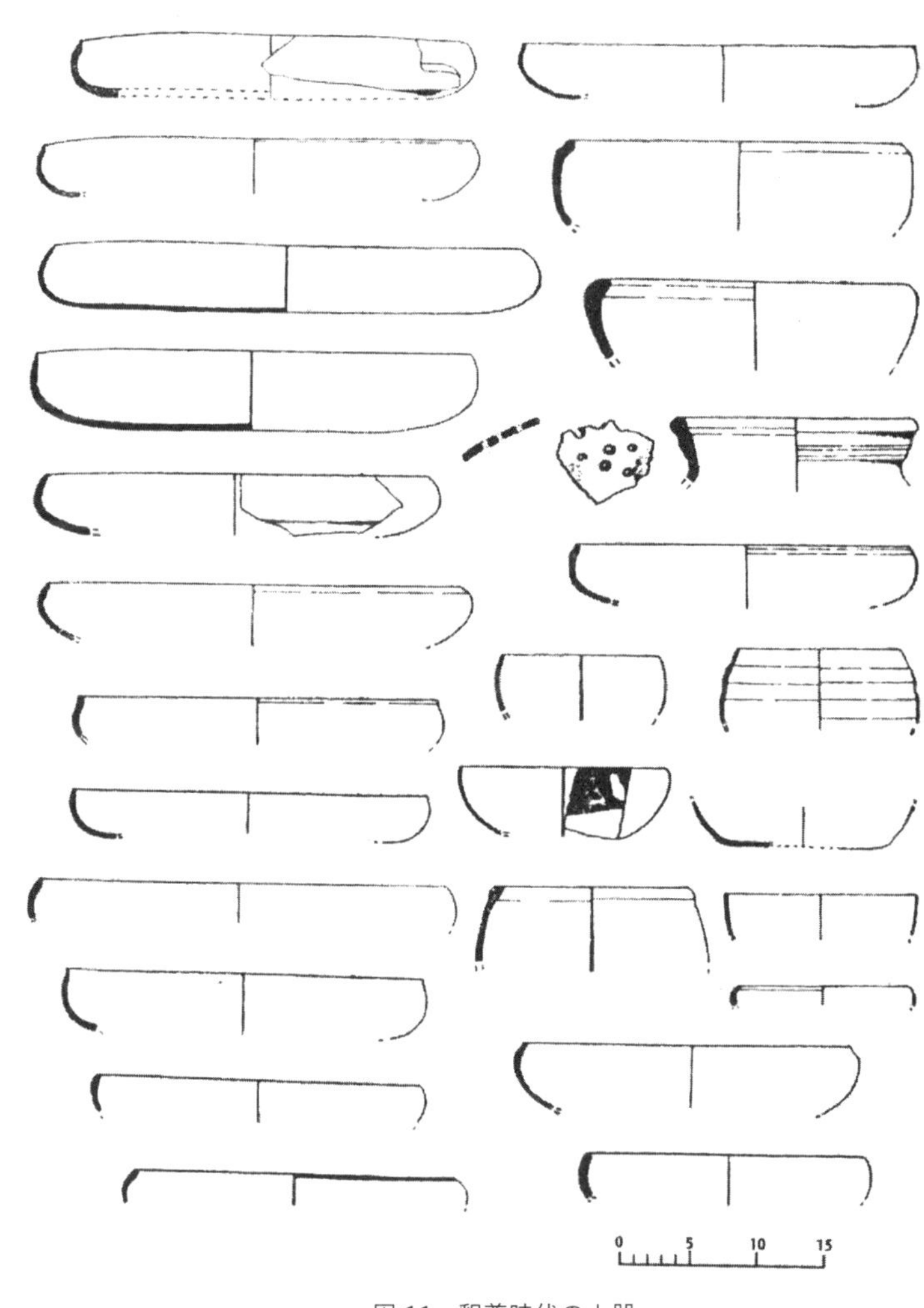

図 11　釈尊時代の土器

によって授与された。発掘の報告書を『ティラウラコット』（一九七八・二〇〇〇、立正大学）に纏め『釈尊の故郷を探る』（二〇〇〇、雄山閣）に発掘の結果と関連事項を記述している。

一世紀頃、西北インドで成立した『サッダルマ・プンダリーカ・スートラ』には当時の文化が反映され、五世紀に鳩摩羅什によって漢訳された『妙法蓮華経』にはその頃の中国とその周囲の文化の状況が示されている。

それを考古学的視点で読み解いていく方向は「法華経」を理解し形成の文化的背景を考える場合一つの参考になるであろう。

仏教の歴史を考古学的史料（物質資料）によって究明する仏教考古学は、発掘調査によって得られた資料に加えて地上に伝えられている文物の調査と検討をも対象とする。

「法華経」を考古学の視点で考えることも必要でしょう、と機会あるごとに述べられていた中村瑞隆先生の温容を思い出しながら追慕の拙文を擱筆したい。

The Times of India - Patna March 20, 1991

Tracing Out Gautam Buddha's Route

By PRANAVA K CHAUDHARY
The Times of India News Service
PATNA, March 19.

THE professor emeritus, department of Buddhist studies, Rissho University, Tokyo, Dr Zuiryu Nakamura, is perhaps the only scholar of modern times who has travelled a long way to find out the ancient route from Sarnath to Bodh-Gaya, which Gautam Buddha followed after his attainment of enlightenment at Bodh-Gaya.

Dr. Nakamura, who has been teaching Buddhist philosophy for the last 40 years in Japan is trying to find out the ancient route on the basis of the travel accounts of the seventh century Chinese pilgrim, Hiuen Tsang and some Buddhist texts like 'Agam Shastra' and 'Sa-Dharma-Kundika', which he has translated into Japanese in 12 volumes.

During his long two-month intensive visit to different villages of Bihar and parts of Uttar Pradesh, Dr. Nakamura found remains of Buddhist period even in interior villages.

Dr. Nakamura, who is also conversant with Sanskrit, Tibetan, Pali and English said in an exclusive interview with the Times of India News Service (TOINS) "I do not know whether I can complete my work or not because at this age (76 years) I many not be able to come to Bihar again". But he

Dr. ZUIRYU NAKAMURA

categorically pointed out that the world is yet to know the whole of Buddha as detailed description of his life and teaching in the old Tibetan language is still lying undeciphered in different parts of the world.

Dr. Nakamura, who has also conducted extensive excavations at Kapilvastu, which he refers as "Tillora Kot", the birth place of Siddharth way back in 1948 in collaboration with the Nepal government has talked to a cross section of the people with an interpreter and studied the road side antiquities, pottery, mounds and stupas. When asked about whether any other scholar has done such village to village study of Buddha's tracking, Dr. Nakamura said only a few Chinese scholar like that Ziyong and Mr. Ho had tried to work on this line.

The first of course was Hiuen Tsang, who visited Pataliputra in about 635 AD and found the city deserted. He saw hundreds of monasteries and stupas in ruins and only two or three in better conditions. Hiuen Tsang describes the ruins in details and he also refers to the hall of Ashoka and the stupas made by him. Dr Nakamura, who has translated from the original Sanskrit text Japanese, the 'Ratna Gotra Vibhaga Mahayanottara Tantra Shastra' a famous Buddhist text said that the identification of any ancient place is a very difficult job because the entire geographical location has been changed and there is no signs of ancient times except of archaeological remains.

Dr. Nakamura, who has dedicated his life to Buddhist studies says, "there is much scope in this field and this finding will be only a beginning of a study".

Talking about another field of study which he is himself actively conducting about the entire route of Buddha's "parinirwan", said that the entire route is very important and interesting from the point of view of Buddhist research. According to him, these probable ancient routes are, Rajgir, Ambaladdika (Silaw), Nalanda, Pataliputra, Gautam Tirtha (Gaighat), Ukka Chad (Hajipur) Kougram (near Lalganj), Nadika (Bhugwanpur), Belugram (near Chapra), Bhandgram (near Siwan), Hastigram (Hathwa), Amragram (Gopalganj), Bhognagar (Bhore), Pawa (Padrauna) and Pawapuri. He has also initiated research on the various Ashokan pillars in different parts of the state.

Dr. Nakamura has not received any financial support from any of the institutes and agencies except his travel grants from Rissho University. He has spent lakhs of rupees in collecting information alongwith his four team colleagues. Few Indian scholars like prof Bharat Singh Upadhayay (Buddha Kalin Bhoogol) and a Buddhist monk (Dhamma Rakshiton Buddhist route) initiated the work but some how or other they could not complete their research. The noted Indologist and a former professor of Indology, BHU, Varanasi, Prof. A.K. Narain, had also submitted a similar scheme to the government of India but it was not sanctioned.

図 12　中村瑞隆先生の釈迦涅槃道行の報道　The Times of India
（Patona, march, 20, 1991）

Ⅲ　礼拝の対象

一　仏足跡信仰の流伝

㈠　仏足跡信仰の濫觴

仏足跡の信仰は、前二世紀頃、南インドのキストナ（クリシュナー）河の流域に出現したことが知られている。それは、同河下流のダラニコットの東方に存在するアマラーヴァティー（Amarāvatī）、同中流のナーガールジュナコンダ（Nāgārjunakoṇḍa）から、仏足跡礼拝石板彫刻・仏足跡が出土しているからである。

デッカンの前二世紀頃は、アンドラ王朝の前期にあたりシャータヴァーハナ王家がマウリヤ王朝に代って君臨した時代にあたる。そのシャータヴァーハナ王家のブルマーイ王がアマラーヴァティーの仏教教団の形成に深く関与していたことが寄進碑文の存在によって明らかであり、教団は制多山部に属していたといわれている。制多山部は大衆部系の一であり、その戒法はかなり自由な見解をもっていたと解されていることは、仏足跡信仰の出現を考えるとき、とくに留意すべきことではあるまいかと思う。

アマラーヴァティー出土の仏足跡礼拝石板彫刻は、前二世紀頃と考えられているものが初現例であり、また、隻足仏足石もほぼ同時代の所産とされている。この二者の存在は、前者が具体的に礼拝の情景を彫刻しているのに対し、後者は足石そのものの彫刻であるが、そこに共通して表現されている蹠紋は初現期の仏足蹠紋のデザインを示している。それに対して、同地出土の前一世紀～三世紀頃の仏足跡礼拝石板彫刻と雙足の仏足石の蹠紋デザインは、前二世紀の例に対してより多くのデコレーションが付加されたものであり、造顕思惟の展開過程を示すものとして興味深い。

ナーガールジュナ出土の仏足石は、三世紀頃のものとされている。同地は、二世紀末～三世紀にかけて隆盛であったイクシュヴァーク王家の首都であった。

一方、デッカン北部のサーンチー（Sāñchī）の第一塔の塔門彫刻に仏足跡が見られる。その塔門は、東および北のそれであり、南門はアンドラ王朝初期の造立であることが銘文によって明らかであるが、仏足跡および仏足跡礼拝の有様を彫刻した東・北門はそれについで前一世紀頃とされている。このサーンチーに見える足跡蹠紋はアマラーヴァティーの初期仏足跡蹠紋と類似性をもつものであり、前二世紀頃に出現した仏足跡信仰の性格を考えるとき一つのメルクマールとなるものである。

このようにインドにおける仏足跡の信仰は、前二世紀頃に南インドにおいて出現し、それは三世紀にいたっても同地方に認められているのである。

インドにおける仏像彫刻は、一世紀の末葉にガンダーラにおいて創始され、二世紀後半の最盛期を経て三世紀中頃に衰退していくが、その間にあってもデッカンにおいては仏足跡信仰が展開していたのである。

デッカンにおいて、その仏足跡信仰が絶えるのは三世紀のことであり、それはデッカンに君臨したシャータヴァーハナ王家の衰退と軌を一にするようである。シャータヴァーハナ王家に代って、デッカンをもその勢力下に入れてインドを統一したグプタ王朝が四世紀に成立するが、そこにおいては顕著な仏足跡信仰の痕跡を見出すことができないのである。

㈡　仏足跡信仰の展開

南インドにおいて創始された仏足跡信仰の遺物は、前二世紀～三世紀にわたってデッカン地方に見出されているが、その展開期間中に西北インドのガンダーラ地方にも仏足石が出現していた。

ガンダーラのタフティ・バーヒー（Takht-i-Bāhi）などから出土している隻足仏足石は、二世紀頃の作品と考えられるものであり、また、スワートのティラート（Tirāt）雙足仏足石は、カロシュテイ文字で「シャカムニの足の跡」と刻されているが、その字体から前一世紀頃の作品ともいわれている。

ティラート仏足石の年代を前一世紀とする見解が正しければ、ガンダーラにおける仏像彫刻の創始年代より大幅に古く位置づけられることになるが、その決め手を欠く。ガンダーラの隻足仏足石は、ガンダーラにおける仏像特有の石材と同質材を用いており、二世紀を大きく前後することはないであろう。現在のところ、ティラートの年代的位置が明らかではないが、西北インドにおいて仏足跡信仰がクシャーナ王朝の治下において見ることができるのである。

ガンダーラの西方、アフガニスタンにおける仏足石は、カマダカ（Kamadāka）出土例があり、それは隻足のもので指先に卍のみが刻され、六～七世紀の所産とされている。したがって、スワート、ガンダーラより年代の下るものであることが知られる。

ガンダーラの地を中心として形成された仏像の製作は、次第に各地に伝播していくが、仏足石はそれに比すべくもない。そこには仏像を礼拝する思惟の展開が顕著に認められるのに対して対照的に仏足跡信仰が普遍性をもっていなかったことを示している。

仏足跡信仰は、その後、大乗仏教伝播の道―シルクロードを経て中国に到達する。その伝播経路沿いに見られる多くの仏教遺跡から現在までのところ仏足跡信仰の遺物は見出されていない。すなわち、仏足跡礼拝の痕跡を見出すには、仏足跡の礼拝を示す状態の遺物あるいは仏足石の存在を指摘することが必要であるが、それの検出はなされていないのである。

中国における仏足石については、以前から「霊相図」としてのそれは知られていたが、西安・臥籠寺の一四世紀後半のものが最も遡る例であった。しかし、近年にいたって七世紀代の所産かと考えられる遺物が、陝西地方から報告されたのである。それは宜君玉華宮に所蔵されている雙足仏足石であり、その蹠紋は仏足跡としてかなり完成されているものである。

王華宮の仏足石が、玄奘あるいは王玄策によってもたらされたインド仏足跡の将来デザインであるとすれば、極めて興味あるものとなるが、その確認はまだなされていない。

中国・陝西の地に将来された仏足跡は、八世紀の中頃に日本の奈良にもたらされる。現在、「薬師寺」仏足石として著明な仏足石がそれである。

薬師寺仏足石の蹠紋構成は、基本的にガンダーラ地方の仏足石に近似し、中国・宜君王華宮蔵品とも共通要素を有している。かかる事実は、仏足跡蹠紋のそれが、大乗仏教の流伝にともなって忠実に伝えられたことを示しているといえるであろう。

(三)　仏足跡信仰の拡大

南インドのキストナ河の下・中流域に前二世紀～三世紀に展開した仏足跡の信仰は、南に渡海してスリランカ（セイロン）に伝播している。

スリランカの仏足跡は、アヌラーダプラ（Anurādhapura）およびミヒンターレ（mihintāle）のギリバンダ・ダーガヴァ（Giribandha dagaba）検出の雙足仏足石が初現的資料として知られている。前者は素文、後者は千輻輪文が見られるものであり、とくに後者はポロンナールワ（Polonnāruwa）出土の資料に形状・蹠紋が系統づけられるものである。それは、さらにアヌラーダプラ、ポロンナルワ出土の類似品に結びつけることができる。

所産年代については、アヌラーダプラ資料を前四世紀とする見解もあるが、南インドとの交流を示す具体的資料ダーガヴァに見られるアーヤカ台付設の事実などから考えて前二世紀以降とすることができるであろう。そしてポロンナルワ資料は八～一三世紀のものと考えられ、さらにそれ以降にも多くの仏足石を見出すことができる。

スリランカに定着し、その後、地域的に発展した仏足跡信仰は、その間、東北方に渡海してミャンマーに伝播する。ミャンマーのパガン（pagan）、ローカナンダ・ダーガヴァ（Lokananda Dagaba）に存在していたという隻足仏足石は、その代表的なものであり、一一世紀代の所産である。その蹠紋は、インドシナ型と仮称している曼荼羅文相を表現したもので、一三世紀前半のローカティパン（Lokahteipan）寺の雙足仏足跡図の先駆的図案をなすものであった。

それは、千輻輪文を中心に基本的に一〇八の桝目を配し、それぞれに図案が配されている独特のものである。かかるインドシナ型の仏足跡は、さらに、タイのスコータイ時代に伝播する。それは一四世紀のこととされている。ミャンマーの例と同じく、一〇八の桝目を配しているものであり、とくに青銅板の足跡の存在は注意されるであろう。もっとも、青銅板仏足跡は、スリランカにも存在していることが知られてはいる。

タイは、その後、仏足跡信仰が隆盛を極め、涅槃像にも蹠紋が配されることが一般的となり、多くの仏足石が各地に造られている。

このようにスリランカから発し、ミャンマー、そしてタイにおいて顕著な発展を遂げている仏足跡信仰は、東南アジアの他の地域にも伝えられ、いわゆる上座部仏教の流伝地域に広く展開したものということができるのである。

(四)　仏足跡信仰の流伝

仏足跡信仰の流伝は、南インドを基点として、一方は北伝しパキスタン・アフガニスタンを経て中国にいたり、それが朝鮮半島および日本に達している。また、一方は南伝してスリランカを経てミャンマー・タイに及んでいる。なお、北インドのガンジス河流域に見られる仏足跡信仰が北に至ってネパールに入り、カトマンドゥ盆地において一六世紀頃に展開している。

仏足跡の信仰については、現在においても盛んであり、インドのボードガヤー、スリランカのアダムス・ピーク、タイのサラブリ、そして日本の薬師寺にその顕著な例を見出すことができる。

かかる信仰の流伝は、年代的に点として位置付けられ、その点が空間的に大きくなった場合と然らざる場合とが見られる。そこに仏像彫刻のもつ普遍性とは異質の面が認められるのである。

仏足跡信仰は、本来、釈迦に対する崇高な信仰と憧憬から発している。かのアマラーヴァティー出土の仏足跡礼拝石板の示すように女性が主人公として足跡に礼拝しているモチーフがとられていることは初期における信仰の実態を示すものであるとも考えられるであろう。

従来、仏教考古学の研究において、とかく仏足跡信仰は等閑視されてきた分野であり、それの流伝の実態を考古学的資料の認識と分析によって検討することが期待される。

二　仏足跡礼拝の様態

㈠　仏足跡への信仰

釈迦の足跡を礼拝する仏足跡信仰は、聖樹信仰あるいは釈迦の形象なき礼拝対象と共に、仏像の顕現に先行して行なわれたものであり、仏教徒の釈迦に対する礼拝の一つの様態として理解されている。

これらの信仰の実態を示す資料は、物質資料として仏足跡礼拝の彫刻があり、また、仏足跡それ自体を表現したものも見られる。共にストゥーパ（Stūpa）へ奉献することをもって釈迦に帰依する心情の発露としたものと考えられる。

かかる仏足跡信仰は、前二世紀頃、南インド・クリシュナ河下流のアマラーヴァティー（Amarāvatī）において、アンドラ王朝前期のシャータヴァーハナ王家・ブルマーイ王の時代に顕現したことについてすでに指摘したことがある(1)。前一世紀～後一世紀と考えられているデッカン北部、サーンチー（Sāñchī）第一塔の東門の横梁正面に見られる雙足仏足跡の礼拝状態彫刻、バールフット（Bhārhut）の欄楯に見られる雙足仏足跡の彫刻は、その頃デッカン北部において仏足跡の表現が行なわれていたことを示している。また、クリシュナ河の下流に位置するナーガールジュナコンダ（Nāgārjunakoṇḍa）からは、後三世紀頃の所産と考えられる雙足仏足石が出土している。

このように初期的な仏足跡信仰は、南インドに興ったものでデッカン北部から東部に及んでいたのであるが、他方、ガンダーラ地方においても、前一世紀～後二世紀にかけて仏足跡信仰が行なわれていた。スワートのティラート（Tirāt）雙足仏足石、ガンダーラのタフティ・バーヒー（Takht-i-Bāhi）出土の隻足仏足石などの存在がそれを物語っている。

前二世紀から後三世紀にかけて見られるインドの仏足跡信仰は、その後、周辺各地域に流伝し、それぞれの地に信仰を展開させていった。その仏足跡の表現についても多くの類型があり、それに伴って礼拝の様態にもバラエティーが存在している。このような仏足跡の礼拝に関する様態の地域的差異は、仏足跡信仰のあり方を示すものであるといえるであろう。そこで次に、仏足跡信仰のあり方について礼拝様態を具体的に示す資料および仏足石それ自体の観察を通して若干の私見を披瀝したいと思う。(2)

(二) 礼拝の諸相

仏足跡の礼拝様態は、仏足跡礼拝の彫刻および仏足石によって窺うことができる。前者はそれを具体的に示し、後者は表現の型と存在の状態によって礼拝のあり方を類推することができる。

礼拝彫刻には、(一) 欄楯彫刻、(二) 塔門横梁彫刻、(三) 石板彫刻の三種がある。

これらの彫刻は、バールフットの欄楯隅柱、サーンチー第一塔の東門に見られる仏伝図およびアマラーヴァティーの石板彫刻・欄楯貫石メダイヨンに見られるもので、前二世紀～前一世紀を上限に、後三世紀を下限とする資料である。

バールフットの資料（図1）は、欄楯の隅柱に刻された「諸天による出城の告知」を主題とする彫刻に見られるもので、「(神々の) 大集会において天子アルハドグプタは世尊の再誕（出城）(の時が来たことを告げる)」との題銘があり、肥塚隆によって「宗教家としての誕生」を意味する、と説かれた図柄である。(3) この彫刻における釈迦は、

図1　インド・Bhārhut

中央に法輪を表現した雙足をもって示されており、足跡の爪先に手を触れているアルハドグプタをはじめとする諸天に囲まれている。かかる仏伝図は、前二世紀末～前一世紀初頭頃の所産といわれているもので、仏足跡の初現的資料として重要である。

サーンチーのものは、第一塔東門の横梁、正面向って右側に雙足の仏足跡が横向きに刻されている（図2）。仏足跡は、法輪を有し、爪先に御者が手をそえ礼拝しているもので「出城」を意味している。この塔門の年代は、前一世紀～後一世紀と考えられている。

バールフットおよびサーンチーは、デッカン地方の北部に位置しているが、その東部のクリシュナ河の下流、アンドラ地方のアマラーヴァティーから仏足跡礼拝の石板彫刻などの仏足跡信仰を示す遺物が出土している。

次に、アマラーヴァティー出土の礼拝の様態を示す資料として知られている四例について触れることにしたい。

（一）は（図3）、アマラーヴァティー遺跡博物館に所蔵されている石板彫刻である。二つの雙足仏足跡が聖樹とともに表わされ、それぞれ女性が礼拝している状態を示すものである。ほぼ全容を知ることのできる仏足跡表現モチーフの一は、堂の中における座と仏足跡を示している。（二）も（図4）、アマラーヴァティー遺跡博物館に所蔵され

図2　インド・Sāncī

図3　インド・Amarāvati

ているもので、欄楯の貫石に円形の区画を設け、中央に空座を置きその下方に雙足仏足跡を表わしている。仏足跡の蹠紋は、法輪を大きく示し、空座の存在ともども釈迦の居ますことを意味している。向って左側に座に寄りそって立つラーフラは、カピラヴァストゥにおける説法の状況を示している。(三) は (図5)、マドラス博物館所蔵のもので、中央に雙足仏足跡を表現する台座を配し、それに対して左右にそれぞれ二人、計四人の女性が礼拝している状態を示している石板彫刻である。(四) は (図6)、大英博物館に所蔵されているもので、背後に聖樹を配する空座の台の下方に雙足跡を表わし、それに向って礼拝する五人の男・女が刻されている。

このアマラーヴァティー出土資料の年代は、(一) が前二世紀、(二)・(三) が後一世紀、(四) が後二世紀頃にそ

図4　インド・Amarāvati

図5　インド・Amarāvati

図6　インド・Amarāvati

れぞれが比定されている。

なお、アマラーヴァティー出土遺物については、シヴァラマムール編年[4]があり、前二世紀～後三世紀を四期に区分している。それによれば、仏足跡礼拝の様態を表わしている遺物は第一期から第三期の頃にかけての時期にあたるかと考えられ、アマラーヴァティーにおける仏塔信仰の盛期と軌を一にしている。

仏足跡礼拝彫刻として知られる資料は、以上のごとくであり、それの分布はインド・デッカン地方の北部から東部にかけて見ることができる。その年代は、北部においては前二世紀～後一世紀頃、東部においては前二世期～後二世紀頃と幅をもって考えておきたい。

北部の資料が仏伝図として出現しているのに対して、東部のそれは石板彫刻として存在し、塔婆に奉献されるものであり、そこに同じ礼拝彫刻ながら造顕の相異を看取することができる。

このような造顕意識の差はともかくとして仏足跡礼拝の様態を示す彫刻は、その後、インドにおいては絶えて見ることができない。

類似する資料として管見に触れているものは、ネパール・パタンのハカトーレ（Hakatole）絹本仏足跡曼荼羅（図7）である[5]。この仏足跡曼荼羅は、仏足跡祭りに際して山車にのせて街をねり歩くものであり、図案はインドのボードガヤー（Bodhgayā）仏足石のコピーと言われている。長辺約二メートルの大きさを有し、爪先を下

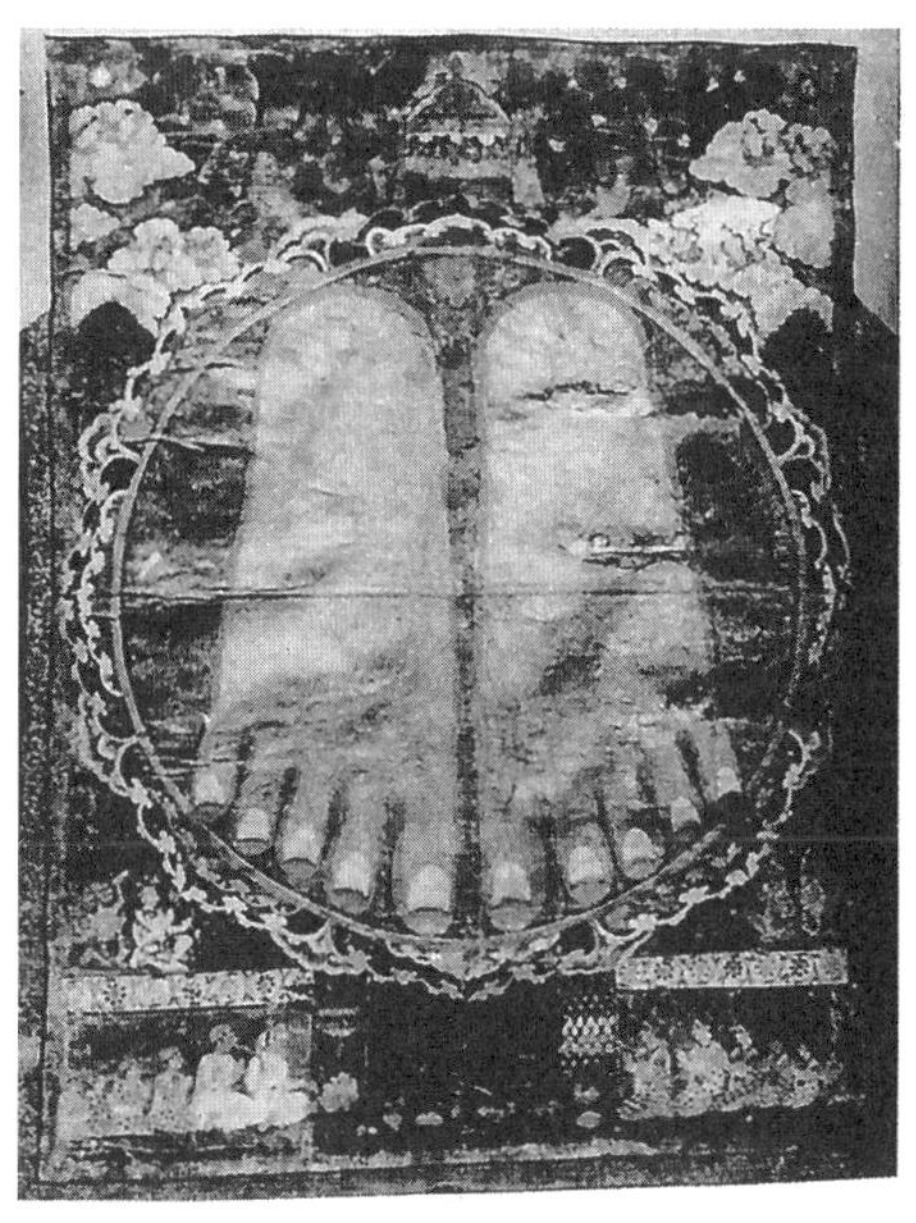

図７　ネパール・絹本仏足跡曼荼羅

に向けているもので、その下方に、左（男性五人）・右（女性五人）に合掌する人物が配されている。作成年代については分明でないが一世紀を経ている、と称されている。

この絹本仏足跡曼荼羅と仏足跡礼拝彫刻とは直接的に結びつくものではないが、時と所を越えて、仏足跡を礼拝する状態を示すものとして注目されよう。

(三)　仏足跡の地域性

仏足跡礼拝彫刻は、礼拝の様態を直接的に示すものであるが、それは南インドにおいて前二世紀～後二世紀の間に見出されるものであり、時空的に普遍性を有する資料ではない。

それに対して、仏足石は、それぞれの地域における仏足跡信仰の存在を具体的に物語る資料であり、仏足石の観察を通して信仰の定着と展開について知ることができる。

仏足跡彫刻としてもっとも年代の遡る資料は、すでに指摘したようにインド博物館所蔵のバールフット欄楯の柱に見られる雙足仏足跡であり、前二世紀末～前一世紀初頭のものである。また、アマラーヴァティー出土の仏足跡石板彫刻（図8）は、シヴァラマムール編年の第二期あるいはそれ以前に遡るものと考えられている。ともに雙足であり、爪先を下にしている資料と共通点が認められる。なお、アマラーヴァティーからは隻石仏足石（図9）も出土している。サーンチーの第一塔北門の柱下部に刻されている雙足仏足跡も爪先を下にしている（図10）。それは東門横架に見える横向き表現のそれと同様であり、年代は前一世紀～後一世紀と

図8　インド・Amarāvati

図 10　インド・Sāncī

図 9　インド・Amarāvati

図 12　パキスタン・Takht-i-Bāhi

図 11　パキスタン・Tirāt

考えられている。

このようにデッカン地方の北部および東部に仏足跡礼拝彫刻などと共に存在する仏足跡図様は、雙足で爪先を下にしているものであり、アマラーヴァティーおよびナーガールジュナコンダから出土している雙足あるいは隻足の仏足石も、爪先を手前にして礼拝したことが考えられる。

前一世紀頃、西北インドのガンダーラ地方にも仏足石が出現する。スワート地方のティラート（Tirāt）雙足仏足石がそれである（図11）。爪先を手前に向けているこの資料は、爪先に接してカローシティ文字で「釈迦牟尼仏の足跡」と刻されてい

図14　アフガニスタン・Kamadāka

図13　スリランカ・Mihintāḷe

る。したがって、爪先に向って礼拝していたことが察せられる。ガンダーラ地方からは、このほか、隻足仏足石の出土が知られている。タフティ・バーヒー（Takht-i-Bāhi）出土のそれは代表的なものであり（図12）、ガンダーラ仏像と同一の石材をもって製作されたもので年代は後二世紀頃と考えられる。

このようなガンダーラ地方に見られる仏足石[6]の特徴は、隻足であり、かつ踵を下にしていることを指摘することができる。この点、南インドのそれと対照的であるといえよう。

一方、前一世紀頃以降、スリランカに出現した仏足石は、雙足のものが多く（図13）、南インドのそれと軌を一にしている。図示した資料は、ミヒンターレのギリバンダ・ダーガバ（Giribandha Dāgaba）の四方に存在するアーヤカに接して見られる雙足仏足石である。同形態の仏足石はアヌラーダプラ（Anurādhapura）の遺跡からも出土しており、スリランカの仏足石としては初現的なものということができる。[7]

踵を下にした隻足の仏足石がガンダーラ地方に後二世紀頃に出現したが、アフガニスタンのカマダカ（Kamadāka）出土の仏足石[8]も隻足のものである（図14）。とくにこの資料において注目されるのは、現存の大きさ〇・三二メートル×〇・二四三メートルを有し、人差し指と中指の中間上方に方形状の孔が穿たれていることである。モタメディ遥子は、

図15　中国・宣君王華宮

図16　中国・臥龍寺

この孔を懸垂用と考えているが、さすれば、ガンダーラ地方に見られる隻足仏足石と同様に踵を下にしたもの、と言えよう。年代は後六～七世紀とされている。

踵を下にした仏足跡表現は、ガンダーラ地方において出現したが、かかる仏足跡は中国に伝えられた。

近頃、報告された[9]宣君王華宮および耀県文化館にそれぞれ所蔵されている二例の仏足跡はともに踵を下にしたものである（図15）。

中国の仏足跡信仰は、仏足跡碑の造顕意識から把握されるのであり[10]、西安・臥龍寺（図16）、嵩山・少林寺（図17）、寧波・阿育王寺（図18）に見られる仏足跡碑の例は、それをよく示しているといえるであろう。ただ、北京・正覚寺（図19）の例は、須弥壇の中央に刻されているもので蓮弁台座にのっている。臥龍寺は後一四世紀〈一三八七年〉、少林寺は後一六世紀〈一五六六年〉、阿育王寺は後一九世紀〈一八九九年〉の建立であり、正

図 18　中国・阿育王寺

図 17　中国・少林寺

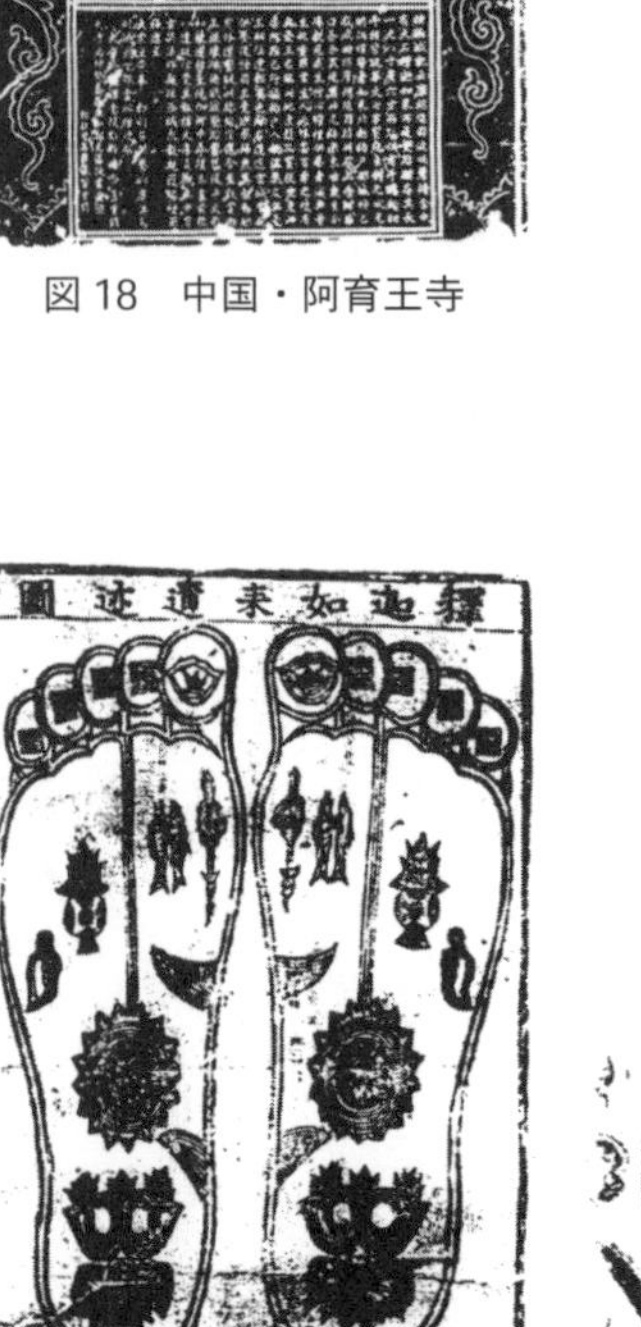

図 20　朝鮮・安国庵

図 19　中国・正覚寺

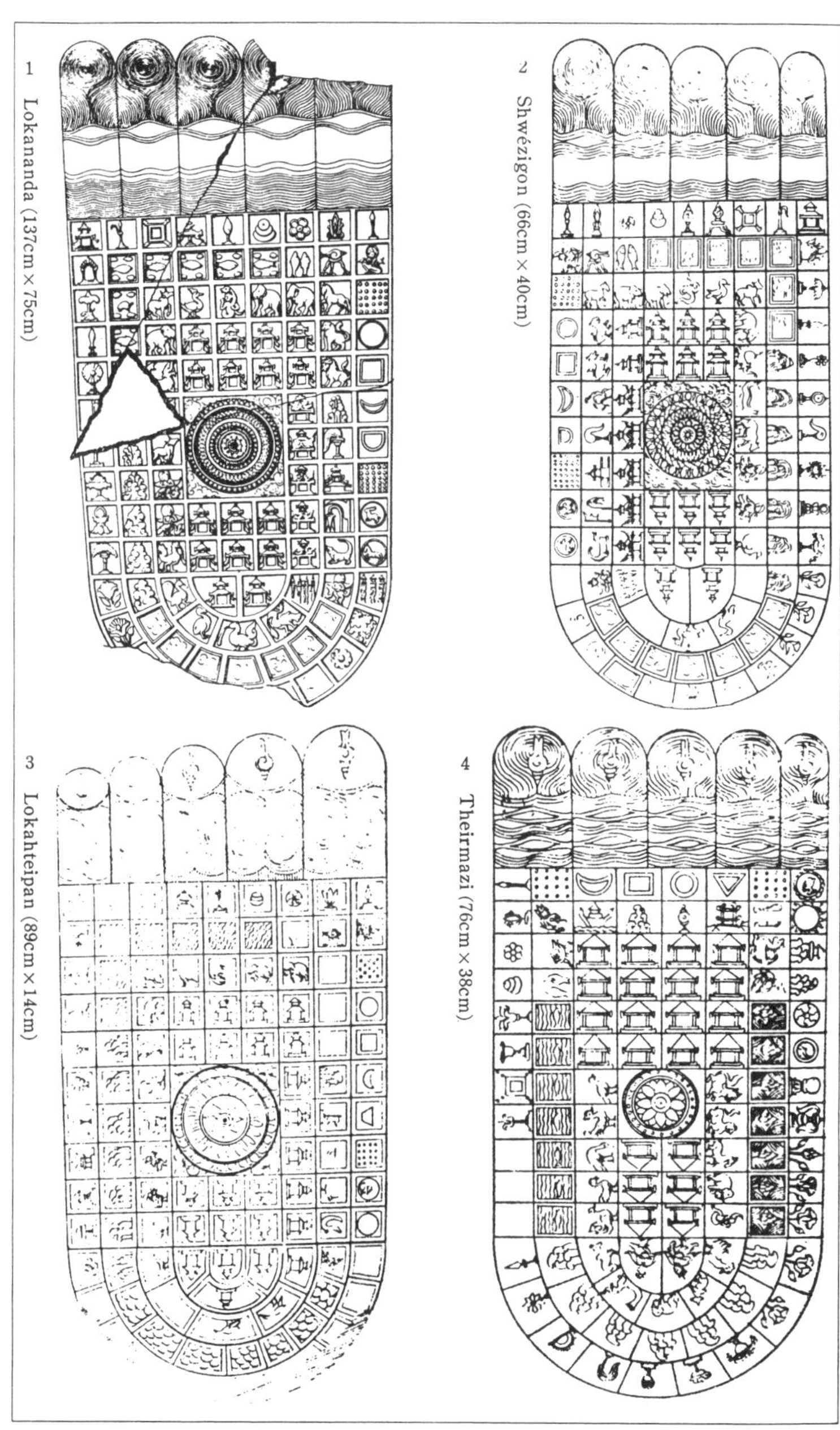

図 21　ミャンマー・仏足跡の諸例

覚寺は後一五世紀〈一四七三年〉のものである。

また、スリランカから仏教が伝播したミャンマーそしてタイにおける仏足跡信仰は、独自のそれが展開している。[11]ミャンマーの仏足石として年代的に遡る資料は、ローカナンダ（Lokananda）の隻足仏足石であり（図21の1）、また、仏足跡壁画としてはローカティパン（Lokahteipan）寺の天井部に画かれた雙足仏足跡図（図21の3）がある。ともに独自の蹠紋を有するものであり、前者は後八～一一世紀、後者は一三世紀の前半と考えられる。この場合、爪先を上にしているかどうか明確ではないが、蹠紋のあり方から見れば爪先を上にしたものであろう。また、タイの仏足跡には、横向き隻足のものが見られるので、ミャンマーにおいても同様に理解することの可能な資料が認められている。

日本においては、奈良・薬師寺の雙足仏足石がもっとも遡る資料であるが、それは爪先を手前に向けているものである。後八世紀〈七五二年〉に造られたこの仏足石の祖型は、中国を経てインドに求められる、といわれているが、たしかに中国的な仏足跡碑ではなく、スワートのティラート仏足石を連想させるがごとき形状のものである。

㈣　礼拝の展開

「仏陀なき仏伝図」に表わされている釈迦の足跡――仏足跡の表現は、前二世紀末～前一世紀初頭の頃、デッカン北部に初現が認められるが、それは釈迦の存在を暗示する形象として示されたものであった。したがって、仏伝図中に見られる仏足跡は、それ自体を礼拝の対象とするために表現されたものではなかったのである。

仏足跡それ自体が礼拝の対象となるのは、前二世紀～後一世紀頃、デッカン東部においてであった。アマラーヴァティーに見られる仏足跡礼拝石板彫刻ならびに仏足石の存在は、それの状態を具体的に物語るものであるといえよう。アマラーヴァティーの仏教教団の形成には、シャータヴァーハナ王家のブルマーイ王（在位・後一三〇年～一五九年頃）およびシヴァシュリー・シャータカルニ王（在位・後一五九年～一六六年頃）が深く関与し、その教団は、大衆部系の一の制多山部であり、欄楯をめぐらし、アーヤカを付説するストゥーパを中核として形成されていたものであった。

仏足跡礼拝石板彫刻・仏足石は、そのストゥーパに奉献されたものであり、奉献者にとってかかる行為は釈迦に帰依する証し以外の何物でもなかったのであろう。

アマラーヴァティーとともにクリシュナー河の中流に存在するナーガールジュナコンダ（後三世紀中葉～後四世紀前）においては、ストゥーパとビハーラから構成される伽藍が多数発掘されているが、そこにおける仏足石の奉献は一の銘文によれば「一切衆生の利益安楽のため[12]」であった。

このように南インドのデッカン東部における仏足跡の礼拝は、それの形象彫刻をストゥーパに奉献することによって達成された、と見るべきであろう。すなわち「仏陀なき仏伝図」に表われている仏足跡の表現と図案的には同様でありながらも、造形の理念は基本的には異質のものであったと考えられるのである。

それに対して、西北インド・ガンダーラ地方の仏足石は性格を異にしていた。スワートのティラート雙足仏足石は、一石（一メートル×〇・七八メートル、厚さ一・三〇メートル、樋口隆康による）に刻されているものであり、爪先に見られる銘文の存在によっても、それ自体を礼拝したものであったことが察せられる。この仏足石は、礼拝の対象とされていたものであり、奉献物ではなかった。その年代については、銘文カローシティ文字の書体からS. Konowによって前一世紀末とされている[13]。この年代比定が当を得ているとするならば、デッカン北部のバールフット欄楯に見られる雙足仏足跡に次ぐ古さのものであり、かつ、仏足跡礼拝の最古の資料として位置づけられるものとなる。

また、カンダーラのタフティ・バーヒー寺院跡などから出土した隻足仏足石は、後二～三世紀頃のものであり、ガンダーラ仏と同質の石材を板状にして用いている。蹠紋として中央に千幅輪、下方に梵頂相、指先に卍が配されており、梵頂相文様―三宝の図から踵を手前にした図案であることがわかる。このような隻足仏足石は、立て掛けることを意図して造形されたものと考えられる。立て掛けるという思想は、当然のことながら、それを正面から礼拝することであり、仏像と同様な意味をもっていたとも考えられるが、仏像の製作が隆盛のとき、あえて足跡それ自体を礼拝の対象として作ったと理解することは躊躇せざるを得ない。かかる隻足の仏足石は、形状と蹠紋のあり方から見て奉献されたもの、と理解することが妥当であろう。

スリランカのギリバンダ・ダーガバの雙足仏足石は、ストゥーパの四方に置かれているもので、仏足石に手を添えてストゥーパを礼拝した痕跡が窺われる資料である。同様な雙足仏足石はアヌラーダプラなどからも出土しているが、それらはかなりの厚さを有するものであり、ギリバンダ・ダーガバと同様にストゥーパに添え置かれていたものと考えることができる。ここではあたかも立て掛けることを目的としたかのごとき板状のそれは稀れなのである。

以上のように各地域における初現的な仏足跡のあり方とそれを通して考えられる礼拝の方法を見てくると、礼拝の様態が決して一様ではなかったことが察せられる。

仏伝図中に見られるものはともかくとして、仏足跡それ自体を造形の目的としたものは、ストゥーパあるいは寺院に奉献することを意図したものと考えることができる。

時代は下降するが、アフガニスタンのカマダカ隻足仏足石は、ストゥーパ・寺院に奉献したことを端的に物語る懸垂用の孔を有するものであった。その孔は爪先にあけられ、踵を下にして懸垂されたものであり、ガンダーラ地方に見られる板状の隻足仏足石を祖型とするかのごときものといえよう。

中国の仏足跡は、古くは方形石に爪先を上にした雙足が画かれ、新しくは碑として「釈迦如来雙跡霊相図」となっている。ここにおいては、すでにストゥーパなどに奉献することを意図した本来的な性格は変容して、釈迦の足跡霊相とそれの由来の顕彰となっているのであり、寺院境内に建碑されているとはいえそれは形骸化しているのである。(14)

なお、須弥壇に装飾的に示されている正覚寺の場合は、爪先を上に表現しており、かのガンダーラ地方に見出される立て掛けるものに近いが、ガンダーラのそれとは異なり雙足である。中国の仏足跡はすでに唐代のそれが雙足であることは、伝来の由来はともかくとしてティラートのごとき型としてデザインが伝えられた可能性があろう。

東南アジアにおける仏足跡は、ミャンマーにおいては、隻足・雙足ともに認められ、仏足石の場合は立て掛けられたものが多く、一方、仏足跡壁画は寺院堂宇の天井などに画かれている。[15] 前者は礼拝の対象としてストゥーパ・寺院に奉献されたものであり、後者は堂の荘厳としてのモチーフとして見出すことができるのである。

このように見てくると、伊東照司が報告したタイのサラブリ[16]（Saraburi）、あるいはスリランカのアダムス・ピーク（Adam's Peak）に象徴的に見られるような仏足石そのものに対する信仰の実態を見出すことは困難であるといえよう。わが国の薬師寺に現存する仏足石の流伝経路は、それの銘文に従えば、インド→中国→日本となるが、現在知り得るインドおよび中国の仏足跡資料によるかぎり、唯一の例外を除いては薬師寺仏足石は孤高の存在である。その唯一の例外はパキスタンのティラート仏足石である。

(五)　礼拝の型

仏足跡に対する信仰は、たしかに前二世紀末～前一世紀前半にインドのデッカン地方に出現した。しかし、直接的礼拝の対象となる仏足石が単独に形象化されたのは前一世紀頃、ガンダーラ地方においてであった。この形象化された仏足石は、その後、顕著な発展がなかった。それに対して、デッカン地方北部に現われた仏足跡信仰は、東部に及んで後一～二世紀頃にストゥーパに奉献することを目的とした仏足跡礼拝石板彫刻そして仏足石の形態をもって展開した。かかる奉献用の仏足石は、その後、ガンダーラ地方に後二世紀頃に出現したが、ともに限られた時間の中で発達したに止どまったのである。

このように初現期の仏足跡は、（一）仏足跡を仏伝彫刻中に表わしたもの、（二）仏足跡を一石に刻し、それを直接礼拝したもの、（三）A仏足跡の礼拝状態を扁平石に刻し、それを塔に奉献したもの、（三）B仏足跡を扁平石に刻し、それを寺院に奉献したもの、が認められる。

その展開の順序は、デッカン地方にあっては（一）→（三）A・B、ガンダーラ地方にあっては（二）→（三）Bであったと考えられる。

一方、中国に伝わった仏足跡は（二）の存在した可能性が強いが、遺物として見出すことができるものは、（四）仏足跡を石に刻し、それを碑として造作し寺院に配置したもの、である。仏足跡を碑として示す場合、それの説明を刻字することによって顕彰したのである。

また、スリランカにおいては、（二）・（三）Bのほか、（五）寺院堂宇の壁画として示したもの、の存在が知られ、これがミャンマーに伝わって荘厳壁画として発達した。さらに、タイにおいて顕著な発達を遂げた（二）・（三）Bの祖型的な存在も認められる。

仏足跡の造形表現は、礼拝のあり方を具体的に反映しているものであり、A型〔（一）・（二）・（三）〕、B型〔（四）〕、C型〔（五）〕に分類することができるであろう。

A型は直接的礼拝型、B型は顕彰礼拝型、C型は荘厳礼拝型とでも称すべきものである。

ここにおいて仏足跡それ自体に対する礼拝の様態のバラエティーを知ることができる。

註

（1）坂詰秀一「仏足跡信仰の流伝」（『立正史学』五三、一九八三）アマラーヴァティー出土資料の年代、とくに上限年代については意見がわかれているが、インドにおいてはC. Sivaramamurtiの見解が流布されている。

（Amaravati Sculptures in the Madras Museum, *Bullein of the Madras Government Museum, n.s.,* Vol.IV. Madras, 1942）。

（2）仏足跡信仰の思惟に関する資料については、坂詰秀一「インドの仏足跡信仰」（中村瑞隆先生古稀記念論文集『仏教学論集』一九八五）に触れておいた。

（3）肥塚　隆「インドの仏伝美術」（肥塚　隆・田枝幹宏（写真）『美術に見る釈尊の生涯』、一九七九）

（4）シヴァラマムール編年については註（1）の同氏論文参照。なお、バレット編年（D. Barrett, *Sculptures from Amaravati in the British Museum,* 1954）によれば、アマラーヴァティー出土資料は後一二五～二四〇年としているので、後二世紀中葉が上限となる。さすれば仏足跡礼拝資料（一）の年代は後二世紀中葉となり（バレット編年初期）、それより後出と考えられる（二）（三）（四）の年代は、後二世紀の後半（バレット編年中期）から後三世紀の前半（バレット編年後期）となるであろう。ただ、バレット編年については問題が残されている。

（5）坂詰秀一「ネパールの仏足石（跡）」（『立正史学』四四、一九七八）

（6）坂詰秀一「パキスタン・アフガニスタンの仏足石」（『立正史学』四六、一九七九）

（7）坂詰秀一「スリランカの仏足跡」（『雙魚』一〇、一九七八）

（8）Haruko Motamedi, *The Footprints of Buddha at the Kabul Museum. Afghanistan 30-1, 1977.* なお（『雙魚』九、一九七八）に邦訳。

（9）韓億「陝西的仏足造象」（『考古與文物』二、一九八〇）

（10）坂詰秀一「中国の仏足石」（『立正史学』五二、一九八二）

（11）坂詰秀一「ビルマの仏足石」（『立正史学』四五、一九七九）

（12）三八号遺構の塔の入口部近くで発掘された仏足跡石板彫刻に見られる銘文の末尾。静谷正雄『インド仏教碑銘目録―グプタ朝以前の仏教碑銘―』（一九六五）

（13）S. Konow, *Kharosthi Inscription,* 1929.

（14）朝鮮半島における仏足跡は、木版に彫られたもののみであり、慶尚南道・智異山安国庵の仏足跡木版（嘉慶一七年―一八一二―開版）の蹠紋は、中国寧波・延慶寺の仏足跡碑の模刻である。半島においては、さらに変容しているといえよう。

(15)　大野　徹・井上隆雄『パガンの仏教壁画』（一九八七）

(16)　伊東照司「サラブリの仏足跡」（『雙魚』七、一九七七）

三 「経塚」の概念

(一) 「経塚」の慣用的認識

日本の考古学界において慣用されている用語のなかには、その概念が不明確のまま使用されている例が意外と多い。かかる要因の一つは、科学としての考古学の確立以前から一部の識者間に慣用されてきた名称が、その由来について深く詮索されずに考古学の研究者に受け継がれてきた例が決して少なくないからである。

日本の仏教考古学において研究の主対象の一となっている「経塚」もその一例である。「経塚」用語は、「江戸時代に、この名は広く見られた。各地に經塚の名で伝承されているものが、多かったようである[1]」と簡潔に説明され、また、現在もっとも普及活用されている『図解考古学辞典[2]』には「仏教経典を地中に埋納し、地表に小規模の盛土（径一〇メートル、高さ二メートル内外）をしたもの。地上に石塔をたてることもあ」り、「目的は経典保存の主旨からやがて極楽往生、現世利益の祈願にかわり、鎌倉・室町時代には供養業」と変容していったことが説かれている。

経塚研究の祖師と称されている石田茂作は、『國史辞典[3]』に「經塚」を執筆して一九三〇年代までの研究成果を簡要に示した。「經典を供養して地下に埋納したところをいふ。經典を埋納することは藤原時代から鎌倉時代にかけて僧俗の間に盛に行はれた風習で、それはいはゆる末法思想による佛法滅盡を恐憂して彌勒出世にまで佛の教法を傳へんがために行はれたのであるが、他面又極楽往生を希ふため、出離解脱正覺のため及び追善菩提のため、逆修供養のため、更に自他の現世利益を得んがため等にもせられ、その目的は時代によって稍異なつてゐる……」と。さらに続けて埋納経典の種類、経筒、副埋品について触れ、埋納経典には「紙本の他に瓦に刻書したいはゆる瓦經、石塊に書写した一字一石經や貝殻に書写した貝殻經及び銅板經、滑石經等がある」と説いたのである。

石田の衣鉢を継ぐ三宅敏之は、一九八四年刊の『國史大辞典』[4]に「経塚」を執筆し、「経典を主体として埋納したところ。その造営は、仏教的作善業の一種、平安時代の中頃、ほぼ一〇世紀の終り頃、わが国で創められた」ものであり「一一世紀後半から一二世紀全般にかけては……最盛期」であったと説き、さらに「鎌倉時代には追善供養的性格が顕著になり、室町時代には廻国納経の一手段に用いられ……近世以降は礫石経がその大勢を占め」るようになる、との見解を述べている。[5]

現在、経塚についての一般的な理解は、以上のごとき辞・事典類に説かれている内容に尽きるであろう。そこにおいては、平安時代に創始され、以後、中世をへて、近世にいたるも、それが存続している、とされているのである。

しかし、一歩突っ込んで、経塚の概念について考えてみると、時代によって必ずしもそれは同一のものではなく、時代の特性がそこに反映されていることに気付くのである。

平安時代の経塚と室町時代の経塚、そして江戸時代の経塚と称されているものは、その造営の目的はもちろんのこと、営まれた施設の実態もそれぞれ異なっているのである。異質のものを同一の概念で律することは、一定の約束ごとがあったにしても、その研究を進めるにあたって混乱をきたすことになるであろう。

かつて、三宅は、経塚とは「経典を主体として埋めたところ」と簡明に規定したことがある。[6]この考え方によれば、室町時代の納経あるいは懸経筒のごとき例は経塚の概念のなかに含まれるべきものではないことになる。三宅自身かかる事例について「経塚の概念から切り離した方がよい」との意見を披瀝しているのである。

「経塚」用語については、現在、一応の理解が学界に浸透している。しかし、その一般的理解と把握の方向については必ずしも識者の意見が一定しているわけではない。

以下、日本の考古学界で慣用されている用語の検討の一として「経塚」用語をめぐる若干の私見を述べることにしたいと思う。

(二)「経塚」用語の濫觴と流布

「経塚」用語の使用が、江戸時代に遡って用いられていることは広く知られている。江戸時代には、経典の埋められたところの汎称として「経塚」のほか「経墳」であるとか「経島」などと記録されていた。これらのなかでもっとも一般的に用いられていたのは「経塚」であった。そこは、塚状に土を盛ったところ、を指して表現され、同時に経文が埋められているところ、としての言い伝えが残されている。

この「経塚」用語を、考古学の分野にそのまま取り入れ、用いたのは和田千吉であった。

和田は、考古学の視点から経塚の研究に着目して、研究の基礎を確立した研究者として周知の人物であるが、一九〇二年に執筆した「經文埋没の種類と其の主意」をはじめ多くの論文と報告に経塚を用いたのである。(7)

その後、経塚の用語は、高橋健自(8)、石田茂作に受け継がれ、とくに経塚研究の定本、と後世に評価されている石田の「經塚」(9)によって学界に不動の用語として用いられるにいたったのである。(10)

石田は「經塚」の劈頭において「藤原時代から鎌倉時代にかけて僧俗の信者が寄つて法華經（稀に其の他の經）を書寫しこれを地中に埋める風習のかなり廣く行はれた事は文献にもみらるるところであるが經塚とは實に其の遺蹟である」と表明している。ついで、「經塚年表」を掲げ、上限―一〇〇七年（寛弘四）の大和・金峯山、下限―一七五八年（寶暦八）の近江・比叡山上の経筒をとりあげている。この年表は、経筒の銘を主とし、経巻奥付、瓦経銘、石塔銘から編んだものであるが、その大部分は経筒の銘が中心であった。収録された資料を世紀別に見てみると、一一世紀―八、一二世紀―八二、一三世紀―一〇、一四世紀―一〇、一五世紀―二、一六世紀―二九、一七世紀―一、一八世紀―一の合計一四三例であった。この例から見ると、経典埋納の盛期は一二世紀であり、ついで、一六世紀に大きな波があることが判然とする。伴出遺物についても、藤原・鎌倉・室町の三時代に分けて整理し、全国の経塚資料は二八〇余、その内、藤原時代の造立一九一と指摘している。これによって、石田の集成した経塚資料は、当時三分の二が藤原時代のものであったが、ほかに鎌倉・室町時代の例もかなり知られていたことが明らかである。しかし「經塚の隆盛期は何といつても藤原時代で、鎌倉時代はかすかな随性が動くに過ぎず室町時代に至って六十六部といふ別個の信仰に変装されている」との帰結を述べていることは、いわゆる経塚のあり方を見通しての発言であったといえよう。

三宅が中世後半の「経塚」例についても「回国納経の流行は、奉納形式においても、個々の地下埋納とは別な便宜的な方法が案出」されたとの観点から納経塔の存在に注目した[11]ことは、石田のいう「別個の信仰」のあり方がモノに具体的に反映されていることを喝破した意見といえるであろう。

一方、奥村秀雄[12]は、経塚を発生・展開・終結として捉え、終末を六十六部回国納経に求め、消滅を江戸時代とした。「江戸時代に全盛」であった一字一石経は「経塚の最末の姿」の提示として理解する方向を示した。

このように先学が説かれてきた「経塚」用語は和田から石田をへて三宅などにいたるまで一貫して、その細部の理解の仕方は異なるにせよ用いられてきた。

経塚造営の全盛期であった一二世紀を中心とする時期の遺跡は、結果的に地表上に盛り土の痕跡がわずかに認められる例の存在が知られていることもあって〝塚〟表現も決して不当ではない。しかし、墳墓のごとき〝塚〟ではなく、それは後世において仔細な観察を経て認識される程度のものであった。内部施設を造り、容器としての経筒を造り、副埋品を納めている「経塚」は、たしかに典型的な例として把握することはできるであろう。

それに対して、室町時代の「納経筒」は基本的に「埋めない経筒」であった。その「埋めない経筒」のいくつかが「埋められた経筒」として見出された例が知られている。ここにおいては、同一のモノが二通りの扱い方を受けている事実があり、画一的に性格を規定することが難事であることが示されている。

また、江戸時代に盛んに営まれた、といわれている「一字一石経」について、石田が「流行は足利から徳川時代にかけて[13]」とし、蔵田蔵が「徳川時代[14]」、三宅が「近世経塚を特色づけるもの」として「礫石経塚」を指摘し、それは「法住性を期した経塚の伝統的な影響が見られる[15]」との考え方を提示していることは、奥村が「経塚の最末の姿[16]」として理解していることと共に注意しておくことが必要であろう。

近頃、関秀夫は、経塚を（一）埋経の経塚、（二）納経の経塚、（三）一石経の経塚、と三種に区別する方向を提示した。それは「書寫仏教経典を用いて『経塚』の築造に当たるという点では、一つの共通した要素を持つもの[17]」という視点に立脚するものであった。

ここにいたって「経塚」の概念をめぐる考え方も一定の指向性が具体的に提示されたのである。

㈢「経塚」の概念と字義

現在、「経塚」の概念については、必ずしも明確さをもっていないにしても、大方の理解がえられている。それは、多くの先学が経塚の研究を推進してきた賜物であるが、経塚そのものの実態が、すべて明らかにされているかといえば決してそうではない。

経塚の源流・起源論については、複数の説があり、そのいずれかの説に統一されているということはできない[18]。その起源—創出はわが国にあったことはほぼ定説化している、といってもよいであろうが、源流問題については、関係地域の調査が十分ではない現状もあって明瞭にされてはいない。

経典を納置するところは、釈迦の墳墓としての塔婆であり、そこには法舎利として納められる。法舎利を埋める地は塔婆であり、法舎利なき塔婆は奉献のための造塔である。

法舎利としての意識をもって納められた塔婆は、それ自体、信仰の対象であり、後の世に永く仏教徒に膾炙される。それに対して、経典の保全を目的として納められる施設は、当然のことながら、それは法舎利の現世的信仰の対象ではなく、後世を見据えての作善業であるといえよう。塔婆としからざる施設の造営は、当然のことながら目的意識を異にしているのである。

「経塚」の場合は、保全を究極の目的としている。それは法住性を願い、かつ作善業としての意識のもとに形成されたもの、といえるであろう。このような思惟のもとに造営された経典埋蔵の施設は、ときとして塔婆と重なりあう可能性をもつが、その主体性が保全にある限り、塔婆と峻別することはできよう。保全は定められた目的のもとになされ、埋蔵の形も一定の規範をもって造営されているからである。

中国の山東に見られる摩崖石経は「廃仏に際しての護法運動[19]」の具現であるが、朝鮮半島に見られる石刻経は、それと同断することはできない。わが国の瓦経も同様である。

後世に経典を残すための保全方法は、地域と時代によって目的意識は多様である。

わが国における経典の保全は、あくまで末法到来によるための危機感から開始された。したがって、それは中国に見られる摩崖石経あるいは石刻経の錮蔵とは異質のものであり、仏教思想にもとづく行為であった。その保全の形が、紙本経であり、瓦経であり、銅板経であったのである。

このような行為は、中世以降における経典埋納、奉納と異質であることはいうまでもない。回国聖による納経、近世各地で造営された如法経碑、一字一石経の作善業は、経典に対する信者の意識の反映ではあるが、来世への保全伝達行為とは、似て非なる行為であったことは改めて指摘するまでもない。

「経塚」の性格を、創出当初の精神を尊重して把握するならば、後世のそれは「経塚」と称することはできない。「経塚」を広義に理解すれば「経典を供養の後に埋め、その地に土などを盛ったところ」となるであろう。

「経塚」用語は、その字義の示すところからすれば〝塚〟でなければならない。〝塚〟でなくても〝塚〟字を用いる、という強弁であれば、それはそれで結構である。

しかし、用語を正しく制定することが、日本の考古学において求められる限り、「用途不明の土壙」的な用語は排除されてしかるべきであろう。

「経塚」用語は、現在、日本史関係[20]のほか、仏教学[21]、さらに広く社会一般[22]に用いられている。その説明はほぼ同一内容であり、際立って異なる解釈は認められないのは当然のことであろう。

考古学において用いられている「経塚」用語が、そのまま一般化されているのであるが、顕著な〝塚〟状の施設が一般的でなく、かつ、中世以降のそれがほとんど〝塚〟ではなく「納経」行為の一つの具象として捉えられている現状を思うとき、字義とその膾炙の根底に歴史的事実の認識を加味してほしい、と願わずにはいられない。この問題はすぐれて考古学における用語制定にかかわっている。

「経塚」用語にあくまで固執して、ある約束事を前提にして用いていくのか、あるいは、経典埋蔵のあり方をそのまま把握して「埋経遺跡」として理解することにするのか、真剣に考える必要があるのではなかろうか。

「経塚」を「経典を埋めたところ」という伝統的かつ現在的な理解にたつ場合、中世の回国典納経に伴う納経の性格は「経典を納めたところ」であり、「保全を目的として埋めたところ」ではないであろうし、近世の礫石経は「経典を納めて結縁集団の名を塔碑に止めたところ」である。

古代の「埋経遺跡」、中世の「納経、埋経遺跡」、近世の「納経顕彰遺跡」の呼称こそ、単なる「経塚」よりも理に適っているというべきであろう。

註

（1）斎藤　忠『日本考古学用語辞典』（一九九二）一五四～一五五頁
（2）小林行雄「経塚」（『図解考古学辞典』一九五九）二三七頁
（3）石田茂作「經塚」（『國史辞典』三、一九四二）一九九頁
（4）三宅敏之「経塚」（『國史大辞典』四、一九八二）三二四頁
（5）同様な内容は、三宅の「経塚」（『世界考古学事典』一九七九、二七七頁）にも見えている。
（6）三宅敏之「経塚研究の課題」（『考古学ジャーナル』一五三、一九七八）後、「経塚研究の現状と課題（四）」—昭和五三年—と改題して『経塚論攷』（一九八三）に所収。
（7）和田千吉「經文埋没の種類と其の主意」（『考古界』一—八、一九〇二）「常陸國新治郡東城寺村經塚の研究」（『考古界』四—五・六、一九〇五）「經塚及板碑関係遺物の混乱発見に就きて」（『考古界』七—四、一九〇九）「經塚の位置と其内部の状態」（『考古學雜誌』二—八、一九一二）など
（8）高橋健自「經筒沿革考」（『考古界』六—八、一九一三）
（9）石田茂作「經塚」（『考古學講座』三～六・一一・一三・一四・一六・一七・二〇・二四、一九二五～一九二八）
（10）矢島恭介「經塚」（『佛教考古學講座』一〇、一九三七）を代表として、関係の論文・報告など、すべて「経塚」を用いている。矢島は「經文を書写し、供養して、これを地中に埋納して塚を築いたものを經塚」と規定している。
（11）三宅敏之「経塚」（『日本の考古学』Ⅶ、歴史時代・下、一九六七）
（12）奥村秀雄「経塚」（『新版考古学講座』八、特論・上、一九七一）
（13）石田、註（9）前掲書
（14）蔵田　蔵「埋經」（『佛教考古學講座』六、一九三六）
（15）三宅、註（11）前掲書
（16）奥村、註（12）前掲書
（17）関　秀夫「六十六部聖による納経の経塚」（『経塚—関東とその周辺』一九八八）

(18) 関　秀夫「経塚起源論」(『論争学説日本の考古学』六、歴史時代、一九八九)

(19) 道端良秀『中国の石仏・石経』(一九七二)

(20) 日本史辞典として最新の『新編日本史辞典』(一九九〇) 二五五～二五六頁に「経塚」項 (上原真人執筆) がある。

(21) 中村　元など編『岩波仏教辞典』(一九八九) 一八〇頁に「経塚」項があり、「経典を書写して後世に伝えるため地中に埋納した塚」であり「平安時代から江戸時代まで行われた」とある。

(22) 最新の国語辞典の一つである『日本語大辞典』(一九八九) 五〇一頁の「きょう・づか〔経塚〕」項に「末法思想を背景に、仏教経典を保存のため地中に埋納した塚」とある。

四　埋経の源流

(一)　埋経の源流

仏教考古学の研究において経典に関する研究は中心的な課題の一であり、日本の場合、それの顕著な対象が経塚と呼ばれる遺跡である。

経塚は「経典を主体として、仏教的作善業の一つとして埋めたところ」[1]と説かれているが、その名称自体は江戸時代に遡源していることが知られている。

かかる経塚の起源問題については、石田茂作によって慈覚大師中国将来説が提出され[2]、久しく学界もそれによってきたことは周知の通りであるが、近年、経塚の起源・源流をめぐる論議が活発になされるようになってきた。千々和實[3]・服部清道[4]・保坂三郎[5]・薮田嘉一郎[6]・三宅敏之[7]・関根大仙[8]による意見の開陳がそれである。

これらの諸氏による経塚起源・源流論は、中国源流説と日本創生説とに大別されるが、いずれも傾聴すべき高説であって、今後における経塚研究の指針的論攷として位置づけられるものである。

経塚の起源は、経塚として把握される遺構――内部主体と納遺物――経典をもつ初現的事例の確認によってその具体的端緒が得られ、源流問題については、埋経行為の具象的認識によって知ることができる。このような、起源と源流の問題を峻別して考えることの必要性については、すでに三宅が指摘しているところであり[9]、それの混同を避くべきことは明らかである。すなわち、経塚という定型化された遺構と、埋経という行為の痕跡は区別して考えることが必要である。

経塚の造営は、埋経行為の一形態であって、その形態の独自性を日本創生として捉えるのか、また、その形態の祖型を中国に求める立場をとるか、によって見解が分れているが、いずれの立場をとるにしても埋経行為そのものの認識によっていることはいうまでもない。

埋経とは、その語のごとく経典を埋めることであり、埋めることとは大気中に経典を晒すことなく隠蔽することである。このような経典を埋める行為は、狭義には土中に埋没することであり、広義には塔婆中に納置する場合をも包括して考えることもできる。しかし、字義通りに理解するとすれば、それはやはり狭義の場合として捉えるべきであろう。

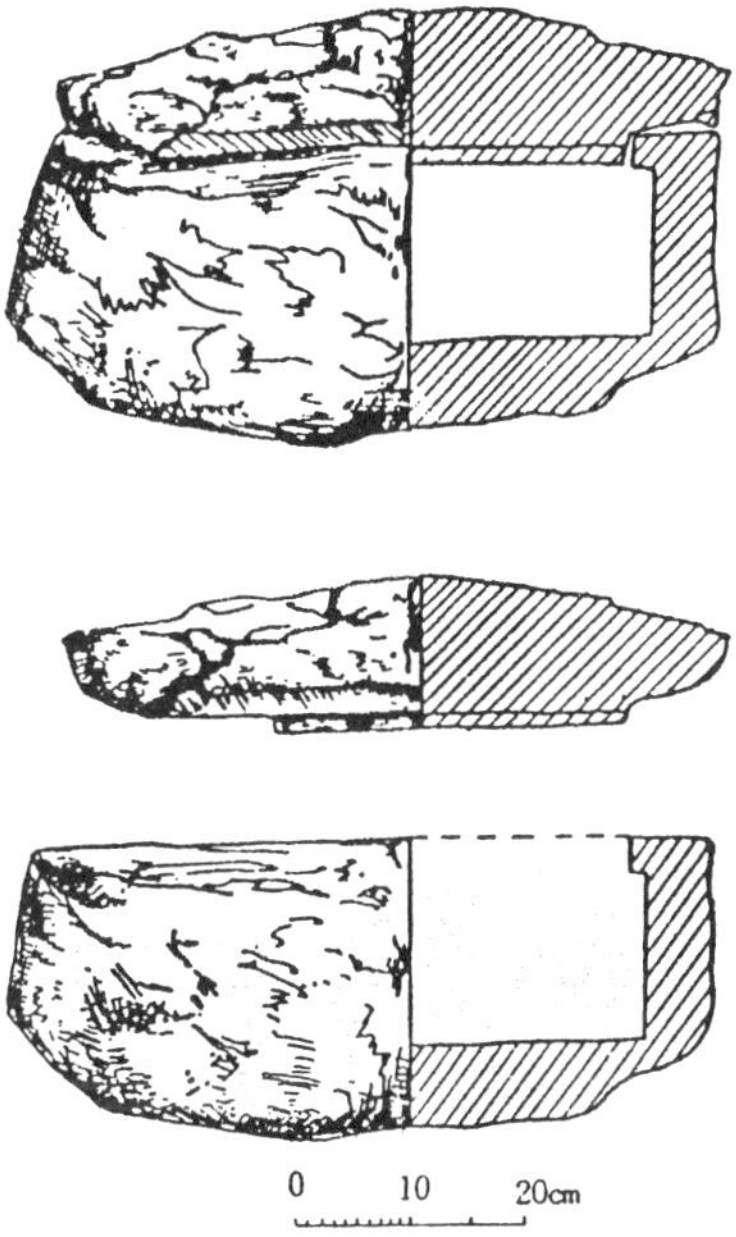

経典を埋める行為は、経典そのものに自己の精神的な拠所を求める場合と、より将来に経典を保全し伝えることを目的とする場合とがあるが、実際にはこの両者が結合したものとしてなされている。これに類似する行為の痕跡として石経の存在が知られている[10]。

図22　大城山城出土の石製経箱

石経は、摩崖石経と石経石とに大別されるが、前者は中国に多くの例があり、後者は中国・朝鮮半島・日本に及んでいる。石経のなかでも摩崖石経は、その造営の行為自体は埋経とは異なるものであり、両者を直結させることはできない。それに対して、石経石は、性格的に異なるものであり、広義の埋経行為としてなされた可能性をもつものである。

このように埋経とそれに類似する行為の痕跡につ

いては、その分布が中国から朝鮮半島、そして日本に及んでおり、それにはいくつかの形態と型とが認められている。それらは、いずれも経塚の起源と直結するものではなく、源流問題の検討についての一資料として捉えられているに過ぎない。

経塚の起源問題は、経塚の概念に合致した、あるいはそれに近似した資料の確認によって論じられることが必要であることはいうまでもない。それは、あくまで埋経形態の一類型として把握すべきものである。

そこで、ここでは近時、朝鮮半島において知られた如上の問題究明に際して看過することのできぬ資料の紹介と検討を試みながら、日本における埋経の源流問題について若干の私見を述べることにしたい。

(二)　大城山出土の石製経箱と経典

一九七三年に刊行された金日成総合大学考古学民俗学講座の『大城山の高句麗遺跡』[11]は、高句麗とその時代の研究上、極めて注目すべきものであるが、そのなかに埋経に関する重要な資料の報告がなされている。その概要を摘記しながら紹介すれば次の通りである。

平壌市の東北方六〜七キロメートルに存在する大城山には、高句麗によって大城山城が築かれ、その山城の南に接して高さ四メートル以上、一辺六一〇メートルの土城壁で囲まれた平面菱形の安鶴宮が造営された。ともに高句麗の初期に築かれたものである。大城山城は、海抜二七四メートルの乙支峰を最高に、二〇〇メートル前後の蘇文峰・長寿峰・北将台・国土峰・朱雀峰の稜線に沿って石城壁を廻らし、二〇カ所の門を配し、城中には高句麗瓦を伴う遺跡の存在が知られている。

その大城山城の長寿峰の西南麓から紙本経を納めた石製経箱が出土した（図22）。出土した地点は、建築物――おそらく行宮――をめぐって存在する石壁中であり、石製経箱は、五〇センチ×二四センチ、高さ三〇センチの石灰岩を二分して蓋と身とし、合子形状にしてその身は深さ一六・五センチ、三四センチ×一二センチの長方形の孔を穿っている。この孔のなかに、濃青色の表紙をもった黄色の紙質の写経が納められていた。その量は、重さ約五〇グラムであるが、腐蝕し粉々になったすべてを合せると二三五グラムであったという。

それらの紙の残存状態は、大きなもので一六・五センチ×七センチ、小さなもの二～三平方センチであった。そして縦に一・九センチ幅の界線が引かれており、文字は楷書体でその大きさは一・二～一・五平方センチのものが大部分であるが、八～一〇平方ミリの小さなものも認められた。この界線と文字は金箔で書かれている。

文字の判読可能なものは一〇五〇字、文章を構成しているもの八五〇余字である。

判読できる文字の主なものは、「釈迦牟尼」

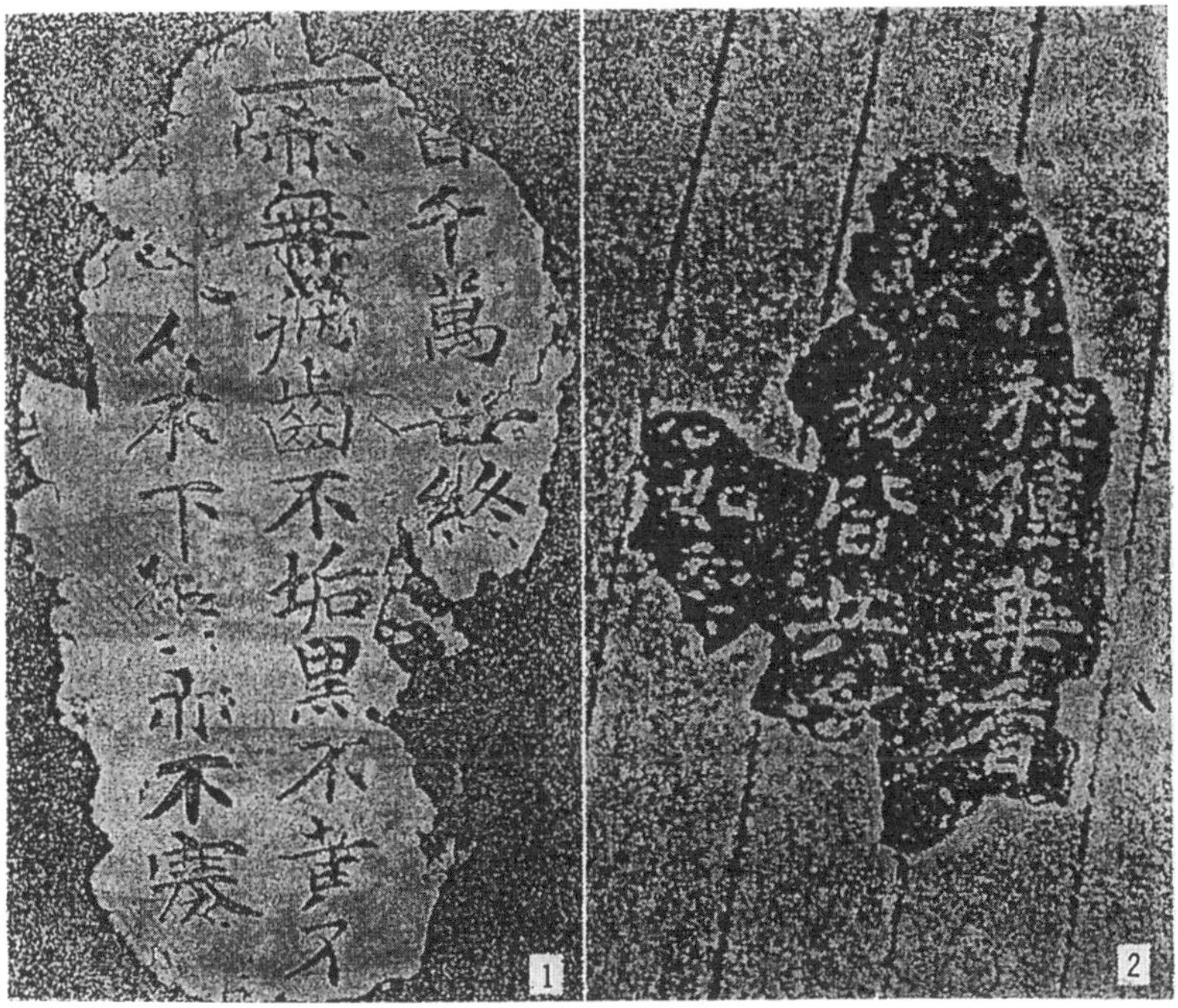

図 23　大城山城出土の紙本経断片（1）
1：随喜功徳品第十八〔資料Ⅰ〕　2：如来神力品第二十一〔資料Ⅱ〕

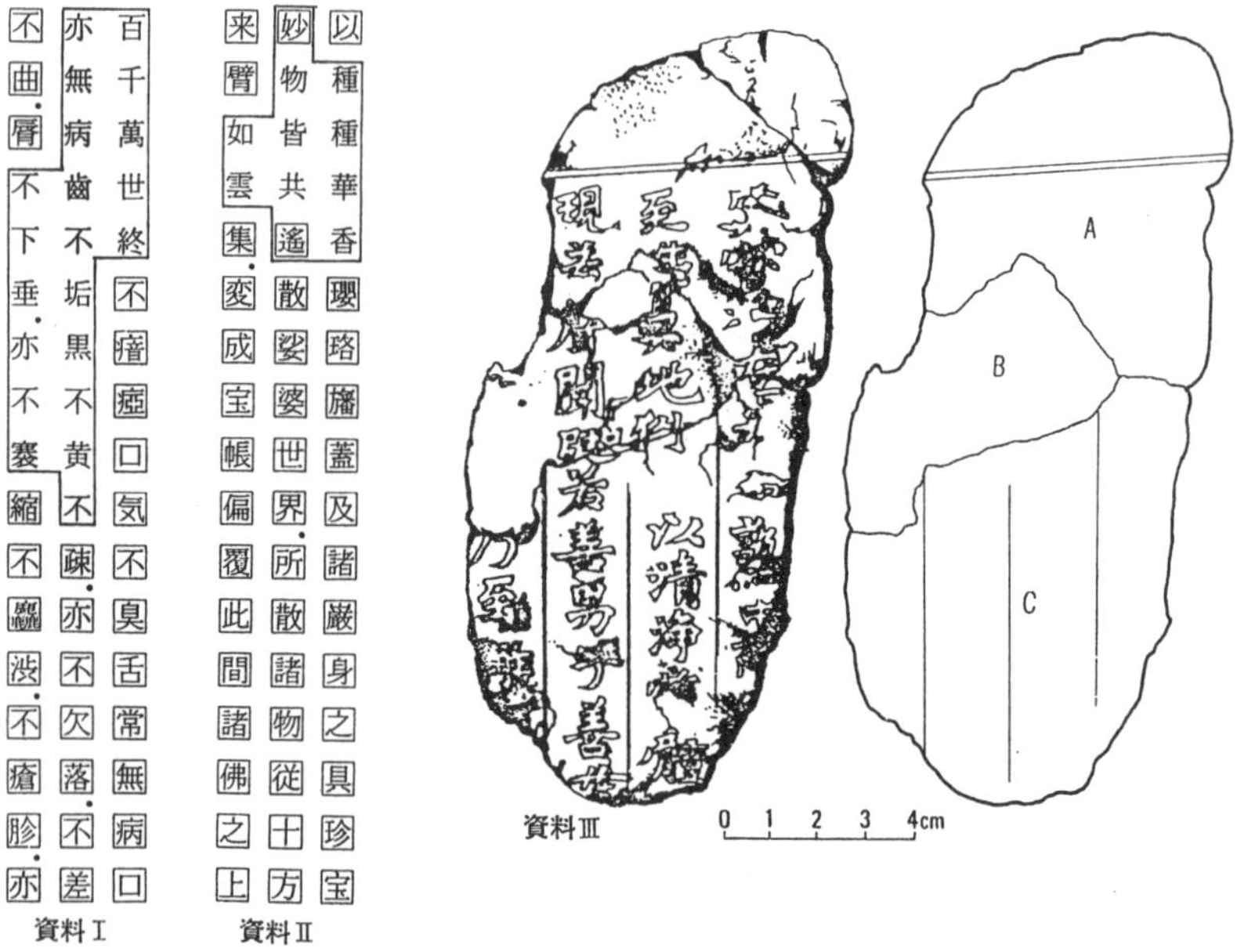

百千萬世終不瘖瘂口気不臭舌常無病口
亦無病歯不垢黒不黄不疎亦不欠落不差
不曲脣不下垂亦不褰縮不麤渋不瘡胗亦

資料Ⅰ

以種種華香瓔珞旛蓋及諸厳身之具珍宝
妙物皆共遙散娑婆世界所散諸物従十方
来臂如雲集変成宝帳偏覆此間諸佛之上

資料Ⅱ

資料Ⅲ　0 1 2 3 4cm　A B C

図 24　大城山城出土の紙本経断片（2）

「如・来」「菩薩」「娑婆」「菩提」「歓喜」「苦悩」「経名妙法……」「……華経」などである。

このような知見にもとづいて、報告執筆者は、石箱中から見出されたこの写経が『妙法蓮華経』であり、残存状態の比較的良好な部分は、同経の第六巻の一部である、とされたのである。

以上のごとき大城山城長寿峰の西南麓から出土した石箱納入の金字写経は、付近出土の瓦がすべて高句麗時代のものである、とする報告執筆者によって、五～六世紀の所産とされている。その年代については、報告書によるかぎり必ずしも確証に富んでいるとはいえないが、極めて注目さるべき資料であることは疑いない。

この資料が、埋められたと推定される状態で見出されたことに大きな関心をもつのであり、さらに、写経の年代が高句麗時代とすれば、朝鮮半島最古の法華経資料として位置づけることができる点において看過することができないのである。

さて、出土資料が石箱中に収められ、それが法華経であることについては報告書に記載されている通りであるが、掲載図版を検討すると次のごとき知見を得ることができる。

写経文字を判読しうる資料として掲げられているもの三図を資料Ⅰ～Ⅲとして検討してみると、それぞれの品が比定される。

資料Ⅰ（図23の1）

法華経・随喜功徳品第十八の断片

資料Ⅱ（図23の2）

法華経・如来神力品第二十一の断片

資料Ⅲ（図24）

異なる紙片三を図上にて接合したもので、A・Bは不明、Cは法華経の法師功徳品第十九の断片

以上によって明らかなことは、法華経の第十八品・第十九品・第二十一品が確実に存在していることであり、石箱中に法華経二十八品が全巻収められていたことを推察することができるのである。

このような金字法華経が石箱のなかに納められていたことは、東アジアにおける埋経の問題を考えるうえに極めて注目すべき資料といえるであろう。

従来、朝鮮半島における埋経関係の資料としては、石刻法華経の存在が知られている。それは、慶州の金崗寺跡から出土したものであり、花崗岩に沈刻された資料である。

現在、韓国の国立慶州博物館に所蔵されている一〇余点の資料で、かつて朴日薫のご好意を得て見学したことがある。厚さ一六センチ、一辺五六センチを有するもので、法華経の譬喩品第三と信解品第四の部分が管見に入った。ただし、未調査のものもあり、品の認定はさらに増えることであろう。その年代は、同博物館によれば、統一新羅時代

であるという。[12]この年代については、出土寺跡から統一新羅時代の瓦が出土していることによっていると思われるが、同時代は、法華経の教理具現の一としての双塔伽藍造営の盛期であり、それの蓋然性を知ることができる。

さらに、紙本経納入の事実を確認することはできないが、経筒様資料の知見もある。それは、かつて紹介したことがあるように、[13]現在、高麗大学校博物館に所蔵されている青銅製品であり、出土地の確認はまだなされていないが、その形態などから考えて近年における日本出土経筒の移入とは考えられず、おそらく半島において製作されたものであろう。

それは、鋳銅製円筒式のもので鍍金が施されている。入り蓋式の傘蓋、台座系の蓮台底をもち、筒身は正円形である。蓋は、塔形状を呈する摘みであり高さは三センチあり、高さ一・三センチの山形の頂部中央につけられている。よって蓋の総高は五・三センチである。径は、傘の末端で一〇・一センチ、入り蓋の内径で九センチ、筒身は厚さ〇・五センチの正円形であり、その高さは二四・三センチである。円筒部の下方に三・四センチの蓮台底がつき、筒身部の総高は二七・七センチを有している。底は、台底系で厚さ〇・五センチ、末端の径一一・八センチ、末端から底面まで二・六センチ、底面の厚さ〇・一センチを有している。そして底部の外側には複蓮弁を一単位とする一二単位の蓮弁が廻らされている。

これの製作年代にいては、その形態から見て、統一新羅時代の後半から高麗時代の前半の間と漠然と考えられているが詳らかではない。

かかる経筒様資料が出土品であることは、付着している土砂の状態からも考えられるが、塔内納置品との疑いもある。

朝鮮半島における塔内納置の経典資料については、八世紀代の益山王宮里の舎利容器と金板経をはじめとして多くの類似資料があるが、それは明らかに埋経とは異なるものである。

また、出土地は不明であるが、朝鮮半島出土品と推定される「銅製筒形容器」[14]の存在が紹介されていることもこの際とくに注意しておきたいと思う。

(三) 朝鮮半島における埋経

朝鮮半島における埋経関係の二・三の例について見てくると、半島において埋経の行為が行なわれていた可能性が極めて高いことが知られる。問題は、それらの年代であるが、大城山城出土の経箱納入資料は、その付近から出土した瓦によるかぎり高句麗時代の所産とすることができるとすれば、高句麗時代に法華経を書写して埋納したこととなる。とくにその経が、金字書写であるということは、それの出土地が行宮付近とのことから推察して極めて興味深い。さらに注目すべきことは、書写経の断片を復原して見ると一行が一七字詰であるという事実である。このことは界線の存在とともに注意されるであろう。中国の隋～唐代写経は一行一七字詰であり、日本における経塚出土の紙本経も一行一七字詰を原則としており、それは平安時代において一般的に見られることである。一方、界線の認められることは日本の経塚出土紙本経では少なく、一般の写経の場合において顕著である。

このように法華経を書写して埋める行為そのものの痕跡は、経塚の起源問題を考えるうえで注目されることであろう。さらに、紙本経の納入が確認されてはいないものの経筒としての蓋然性の高い資料が存在していることは、石刻法華経の存在とともに考慮することが肝要であろう。

以上のごとく瞥見してくると、日本における経塚の起源問題を考えるとき、朝鮮半島における埋経の実態把握が極めて重要であることに気付くのである。

日本の経塚は、たしかに独自の形態をもつ埋経の行為である。そしてその行為が単なる経を埋めて供養する、経を保全する、という願望のみに止どまらず、そこに独自の境地を形成している。

従来、ともすれば中国に埋経の源流を求める方向が支配的であった。もちろん、現在のところでは、朝鮮半島における埋経の年代に問題が残るとはいえ、中国と同様に半島における資料にも眼を向ける必要が存するのではあるまいか。それは、中国に源流をもち、一方は半島に、一方は日本に埋経行為が流伝したものであるかも知れないが、要は、日本の経塚の起源を明らかにするうえに、埋経行為の痕跡それ自体を広く東アジア史的な視点に立脚して検討することが必要であろうと考えるのである。

（末筆ながら執筆にあたり高寛敏・中山清隆・宋錫範・永島暉臣慎にお世話になった。厚くお礼を申し上げたい）

註

（1）三宅敏之「経塚研究の課題」（『考古学ジャーナル』一五三、一九七八）
（2）石田茂作「經塚」（『考古學講座』二〇・二四・三三、一九二九～三〇）
（3）千々和實「末法思想高潮の誘因」（『東京学芸大学研究報告』一一、一九六〇）「八幡信仰と経塚の発生」（『日本仏教』八、一九六一）「初期経塚鎮西密集考」（『日本歴史考古学論叢』一九六六）
（4）服部清道「埋経の源流」（『日本歴史』一七三、一九六二）
（5）保坂三郎「経塚考」（『日本歴史考古学論叢』一九六六）『経塚論考』（一九七一）
（6）藪田嘉一郎「経塚源流考」（『日本歴史考古学論叢』一九六六）『経塚の起源』（一九七六）
（7）三宅敏之「経塚」（『日本の考古学』七、一九六七）「経塚研究の現況と課題」（『日本歴史』二九〇、一九七二）
（8）関根大仙『埋納経の研究』（一九六八）
（9）三宅敏之、註（1）文献
（10）道端良秀『中国の石仏・石経』（一九七二）
（11）『大城山の高句麗遺跡』（平壌、一九七三）
（12）国立慶州博物館『国立慶州博物館名品選』新収品特別展（慶州、一九七三）

（13）坂詰秀一「埋経の源流」「高麗大学校博物館所蔵の経筒」（『歴史考古学の構想と展開』一九七七）
（14）三宅敏之、註（1）文献口絵

五　天徳四年の紀年銘瓦経をめぐる問題

(一)

紀年銘の認められる瓦経のなかで、もっとも遡るものは、伯耆・大日寺裏山出土例であり、その願文そして瓦経中に一〇七一年（延久三）の紀年銘が認められていることは周知の通りである。

現在、在銘年次の存在によって、製作年次を知ることのできるものは、さきの大日寺裏山出土例を加えて七例ある。[1]

すなわち、

伯耆・大日寺瓦経　延久三年（一〇七一）
備中・安養寺瓦経　応徳三年（一〇八六）
阿波・犬伏瓦経　天仁二年（一一〇九）
筑前・飯盛山瓦経　永久二年（一一一四）
山城・西福寺瓦経　大治二年（一一二七）
播磨・常福寺瓦経　唐治二年（一一四三）
伊勢・且過山瓦経　承安四年（一一七四）

がそれであり、それは、ほぼ瓦経の展開期間を示していると考えられている。

右のごとき現状に対して、九六〇年（天徳四）の紀年銘を有する瓦経が、一例存在することが、近時学界に報ぜられ[2]、一部の人々の間で話題となっている。この天徳四年の瓦経が正に上限を示すものであるとするならば、延久三年の瓦経より、実に一一一年も遡るものであり、種々の問題を提起することになる。

天徳四年の瓦経については、その紀年銘が追刻の可能性が多分にあることより、一部においては黙止する傾向もあるが、その報告掲載誌が斯界の有力な雑誌であったため、いぜんとして注目を集めているようである。

そこで、この問題について、若干の私見を述べておきたいと思う。

(二)

さて、天徳四年の紀年銘を有する瓦経は、現在のところ二例ある。

一は、備後の西金寺（広島県御調郡向東町大字歌）の蔵品であり、二は、京都市の蜷川蔵品[3]（南区八条大宮西入）である。この資料について、学界に報じたのは、片山清であり、同氏もその報告に際して西金寺蔵のそれを「仮に偽刻であるとすれば日本最古と云う価値は無くなるが、此の地方（坂詰注・備後地方の意）、将又、芸備地方に於ける藤原期の瓦経の遺品として毫もその価値を失うものではない」との見解を示し、さらに、蜷川蔵品と寸尺・罫線字詰が同一であることより「日本最古の紀年銘瓦経としての基準を知る」と述べている。

蜷川所蔵のものは、山城・男山の鳩ヶ峰の出土と伝えられ、すでにその紀年銘については報じられているところであった。

天徳四年在銘の二例の瓦経は、縦六寸五分、横七寸五分、厚さ〇・四寸を有し、片面に縦罫一三行の罫線が認められる。西金寺蔵の例は、そこに法華経の譬喩品の一部が確認されている。而して、裏面は素面であり、右上肩近くに「天徳四年」と沈刻されており、蜷川蔵品も、素面の裏面に、

「八之卅二」

天徳四年」

と鏤刻されている。

右によって、二例の瓦経資料は、共通点として、

（1）瓦経の大きさの一致

（2）片面経文沈刻式で罫線・行の同一

（3）裏面に天徳四年の紀年銘の存在

が指摘され、相異点として、

（1）出土地伝承の相異

（2）丁付の存否

の二点を認めることができる。

これによって、二例の瓦経は、恐らく、同一の瓦経塚より出土したものであろうと考えられる。

蜷川蔵の瓦経の出土地は、山城・鳩ヶ峰と伝えられている。これは、石田茂作が「男山鳩ヶ堂北谷」[4]としている遺跡に該当するものであろうし、また梅原末治がかつて触れたことのある「男山鳩ヶ峰の北寄りの谷間」[5]に存在する遺跡とも等しくするものであろう。

この男山（京都府綴喜郡八幡町男山の山頂）出土の瓦経は、石田によれば・故吉川霊寿蔵のものに「天保三年三月二八日得之」との書きこみがあり、その大きさは、縦七寸、横七・五寸、厚さ○・四五寸の横長のものであり、縦罫一五行、小口に丁付「金剛頂下之九」と見え、内容は法華経と金剛頂経であるとしている。

また、京都大学所蔵の男山出土の瓦経について梅原は、「大体厚さ五分弱の割合に焼きの堅くない」ものであり、「面に竪罫を引いて、法華経と覚しい経文が平面的に刻されており」、「注意を惹くのは、その大部分の経文が一面に

のみ刻されて、他の面が素文のままなことである」と述べている。そして、その「三四十個の瓦経片」は、大正の中期に吉川氏より購入したものであるという。

このように見てくると、男山出土の瓦経として知られている蜷川蔵品・吉川旧蔵品・東京国立博物館蔵品・京都大学蔵品などの諸例は、ほぼ同一瓦経塚より出土したものと考えられてくる。とくに、蜷川と京都大学・東京国立博物館の蔵品は、ともに、片面経文沈刻式のものであり、さらに、西金寺蔵品と蜷川蔵品とが等しいものであり、また、西金寺と東京国立博物館、京都大学の蔵品がともに法華経の瓦経であることよりして、この五者は同一のものであると想定することができる。ただ、疑問に思うのは、吉川蔵品が他の四者と比較して、縦の大きさが〇・五尺小なること、法華経ではなくして金剛頂経も縦罫一五行に刻していることであるが、石田によれば、同一地域より法華経の瓦経も伴出しており、さして問題視さる必要はないかも知れぬ。もし、以上の五者が同一瓦経塚より出土したという推定が許されるならば、縦罫が、法華経一三行、金剛頂経一五行と異なっていることは注意されよう。この点について、あえて私見を述べるならば、それは法華経と金剛頂経との字数の多少によってかくなされたのではあるまいか。

㈢

次に、問題の「天徳四年」銘についてであるが、この年次は、現存最古の延久三年の紀年銘より、遡ること一一一年以前にあたる。

このことは、瓦経の本来的意義を考慮してその間の事情を考えねばならぬことは自明の理である。

わが国における末法の開始は、一〇五二年（永承七）であり、それ以降に埋経思想があらわれている。一〇〇七年（寛弘四）の藤原道長の埋経が、その最初の例として把握されていることは周知の通りである。(6) これらの紙本経と並んで瓦経の埋納も行なわれたのであり、かの伯耆・大日寺裏山発見の一〇七一年（延久三）の紀年銘を有する瓦経は、道長の埋経と隔たること六四年後のことであった。

道長埋経の寛弘四年より、さらに四七年以前の天徳四年の年次に、瓦経が製作されたということは、末法思想の流布の時差よりしても直ちに首肯できぬものがある。

しからば、何故に、山城・男山出土の一群の瓦経中の完形品の二例にのみ「天徳四年」の紀年銘が刻されているのであろうか。

この点を論じる前に、一瓦経について瞥見する必要があろう。それは、周防の長防博物館に現蔵されている一一二七年（大治二）の紀年銘を有する瓦経[7]についてである。この瓦経について、かつて、和田千吉は「偽物」なりと断じるところがあった。さらに、和田は、山城・最福寺出土とされる大治二年の紀年銘を有する瓦経[8]をも問題視するところがあった。最福寺出土と伝えられる瓦経については、黒川春村の『墨水鈔』に見え、また、山本隠偏の「尚古年表」（入田整三増補『増補尚古年表』）にも記載されているものである。周防の例が現品存しているのに対して、最福寺のものは今ない。したがって、直ちに周防の例と同様に、この最福寺出土例をも偽物として破棄することはできないであろう。

ただ、ここでは、周防の例のごとく、紀年銘のある偽物の瓦経（紀年銘の年次に製作されたものではないの意）の存在することを指摘するのである。

黒川の『墨水鈔』によれば、山城・最福寺出土と伝える大治二年の紀年銘を有する瓦経が京都吉原の大文字屋に所蔵されていたということであり、この一事をもってしても、紀年銘ある瓦経の類が、幕末の頃、珍重されていたことを知ることができるであろう。

男山出土の一瓦経――吉川蔵品に「天保三年三月二八日得之」と瓦譜されているという石田の所見によれば男山よりは、かなり古くから瓦経の出土が認められていたのであろう。同じ男山出土の東京国立博物館・京都大学の蔵品に紀年銘が認められぬということは、それらが破片であることによるのかも知れぬが、完形品の西金寺・蜷川蔵品に「天徳四年」の銘あることは疑問視されて然るべきことである。

また、西金寺の瓦経に付せられている「古瓦由緒書」及び本瓦経の「譲渡証書」より見るに[9]、一八八二年（明治一五）八月八日付で高田成美が笠井透悟に売却し、さらに、それを一九〇八年五月四日付で、笠井治右衛門が西金寺に売却しているのである。この間の事情を見るに高田成美は、当地の豪家であり、また好古の士でもあったというから、京都方面の好古家との間に連絡のあったことが察せられる。

山城の男山出土と想定されるかかる瓦経が「天徳四年」の紀年銘を偽刻することによって、洛陽における好古家の間に、その価値を高らしめたのではあるまいか。

蜷川蔵の「天徳四年」瓦経も、西金寺のものと同様の性格を有したものであろうし、蜷川の先代が一八七六年に東寺の公人であった駒井某より譲りうけたものであるということであるから、この瓦経は、京を出ることなく、ついに蜷川家に所蔵されるに至ったものであろう。

西金寺蔵の瓦経も、本来は、京の好古家の手にあったものであろうが、それが西下し、偶々、和泉式部云々の伝承を有する西金寺の所有に帰したものであろう。本瓦経が「和泉式部遺品歌島山西金寺古瓦」と称されるに至ったのは、前記せる「譲渡証書」に見える高田成美の手によるものであろうと推定されるのである。

江戸時代より瓦経の出土が知られていた山城・男山よりは、一九〇二年に「永久四年二月二六日」の銘ある銅製経筒が出土している[10]。

蓋し、この男山の山頂――鳩ヶ峰は、経塚群として把握さるべき遺跡であろう。

(四)

以上、「天徳四年」の紀年銘を有する瓦経は、江戸時代に出土した完形の瓦経に偽刻したもので、それは、現在のところ二例あり、ともに山城・男山より出土したものであろうとの私見を述べた。

それらと同一の瓦経塚より出土したと思われる瓦経として、東京国立博物館・京都大学・吉川霊寿旧蔵品をあげ、その特徴について指摘してきた。

それらを総括するとすれば、男山の山頂――鳩ヶ峰《あるいは鳩ヶ堂》に形成された経塚群は、永久四年の紀年銘を有する銅製経筒を主とする紙本経埋納の経塚と、瓦経塚とよりなるものである。

現在知られている以上の瓦経がすべて同一瓦経塚よりの出土とすれば、それには、法華経と金剛頂経とが見られ、前者は、縦六寸五分、横七寸五分、厚さ〇・四寸を有する横長の瓦経、そして片面経文沈刻式で罫線が見られ、一三行の行数を有する。後者は、縦七寸、横七・五寸、厚さ〇・四五寸で、一五行の行数が認められるものである。

尚、蜷川蔵品の瓦経の裏面――「天徳四年」銘の右上方に「八之卅二」とあるが、これは、恐らく本来的な丁付と考えられ、法華経巻八の三〇枚目を意味するものと考えられる。法華経巻八を刻するとすれば、一三行どりにて、片面の場合三二枚が必要である故、三〇枚目と理解しても不都合ではない。もっとも、これは一の推定であって、現物にあたって確認したわけではないので誤まっているかも知れぬ。

右を要するに、現在、瓦経のなかで、最も遡る紀年銘を有するものは、依然として伯耆・大日山裏山より出土した「延久三年」（一〇七一）の瓦経であり、「天徳四年」（九六〇）というごとき、末法以前の年次に瓦経の埋納ということは考えられないということについて略述したのである。

註

（1）石田茂作「瓦経の研究」（『瀬戸内考古学』二―一）及び『安養寺瓦経の研究』の序文―安養寺経塚の重要性―

（2）片山　清「備後国西金寺蔵天徳四年銘瓦経―日本最古の紀年銘瓦経か―」（『史迹と美術』三三―三）

（3）川勝政太郎・佐々木利三郎『京都古銘聚記』、竹内理三編『平安遺文』（金石文編）

（4）石田は『經塚』（考古學講座）において山城綴喜郡八幡町男山薬師寺址出土として、法華化城喩品の一部にあたる瓦経を紹介している。また、註（1）文献で山城綴喜郡八幡町男山鳩ヶ堂北谷を瓦経出土地としてあげている。この両者は、同一のものであろうと推察する。

（5）梅原末治「瓦経に就いての二三の覚書」（『史迹と美術』二三―二）

（6）石田茂作『經塚』など。

（7）和田千吉「山城国西山瓦経」（『考古学雑誌』一二―三）

（8）和田千吉「播磨発見の瓦経及願文考」（『考古界』一―一・二）

（9）片山　清、註（2）文献による。

（10）高橋健自「経筒沿革考」（『考古界』六―八）

補記

小論については、千々和實から批判を受けたことがある（「初期経塚鎮西密集考―末法思想高潮の誘因第三稿―」『日本歴史考古学論叢』一九六六年一一月）。千々和は、かねてより「大陸仏教の危機」（「唐末会昌、後周顕徳の廃仏」など）に対応して、日本においては、末法思想の到来が「九五〇年前後」に求められるとし、その資料の一として天徳銘瓦経を用いた。そして小論に対して「極めて面白い……推考」としながらも再考を促された。しかし、天徳四年銘瓦経（同三年銘も含めて）の紀年銘後刻の可能性について私見を変更する必要を認めていない。

六　仏像礼賛

(一)　白玉菩薩立像

一九五四・五五年に河北省曲陽県修徳寺跡より発掘された北魏～唐代の二、二〇〇余体の仏像は、二四四体の紀年銘像を含むものであり、中国における仏像の様式展開過程の研究に基準的な資料を提供したものであった[1]。とくに、東魏～北斉代の紀年銘小形白玉像の出土は、従来とかく出土地が明確でなかった白玉像の出土地を河北地方と決するに足る重要な発見であったと言えよう[2]。

修徳寺跡出土の東魏の紀年銘像は四〇体あり、それによって北魏様式と異なる東魏様式が認識されることになった。その様式の形成は、武帝年間（A・D五四三～五四九）に求められ、楊伯達によって「武定式」と名付けられた。武定年間は、僅か七ヶ年間にすぎないが、この武定年間の紀年銘を有する小形の白玉像八体（二仏並座像一、菩薩立像四、如来座像、菩薩思惟像二）が修徳寺跡より発掘されたのである。

かかる小形の白玉像は、「小形」「白玉」製であることより、かねてより日本にも将来され識者の注目をうけていた。しかし、その出土地が分明でなく、一部には偽物視する傾向もまったくなかったとはいえなかった。よって、修徳寺跡発掘の資料は、それの疑念を払拭するところとなった。立正大学文学部考古学研究室にも古くより一体の白玉製の菩薩立像が所蔵されており[3]、それは武定四年の紀年銘像であった。

修徳寺跡出土の武定年間紀年銘像には、元・二・五・七各年の菩薩立像が含まれているが、四年を欠いている。そこで「武定式」菩薩立像の研究に一の紀年銘資料の追加として立正大学所蔵品を紹介することにしたいと思う。

立正大学所蔵資料は（図25）、独尊型式の菩薩立像で、舟型光背を背負い、半円形の蓮座、長方形の台座を配している。全高は二六・五センチ、蓮華座上に立つ像高は一六センチである。光背の最大幅は、像の頸部付近で一〇・五センチある。蓮華座をのせる方形台座は一〇センチ×五・五センチの長方形で高さ六・五センチあり、高さ三・三センチの蓮座をのせている。頭部には宝冠を被り、顔は表情童顔、肩は小さく丸みをもち、腹部は右に捻って膨らみをもたせ、肉付きよく表現されている。

体躯全体よりうけるプロポーションの印象は童児形である。右手に蓮華、左手にハート形の持ちものを配し、蓮華座は複弁の反花で蓮弁の中間は稜線をもって二分している。上半身は、天衣で腹部のあたりで円環に通して交差させ、下半身には裳をつけている。

一部に朱紅彩の痕跡が微かに認められる。

方形台座の側四面に銘文が、正面より時計廻りで

「武定四年正月」
「廿五日王黒」
「保為父母造像」
「一軀居眷属」

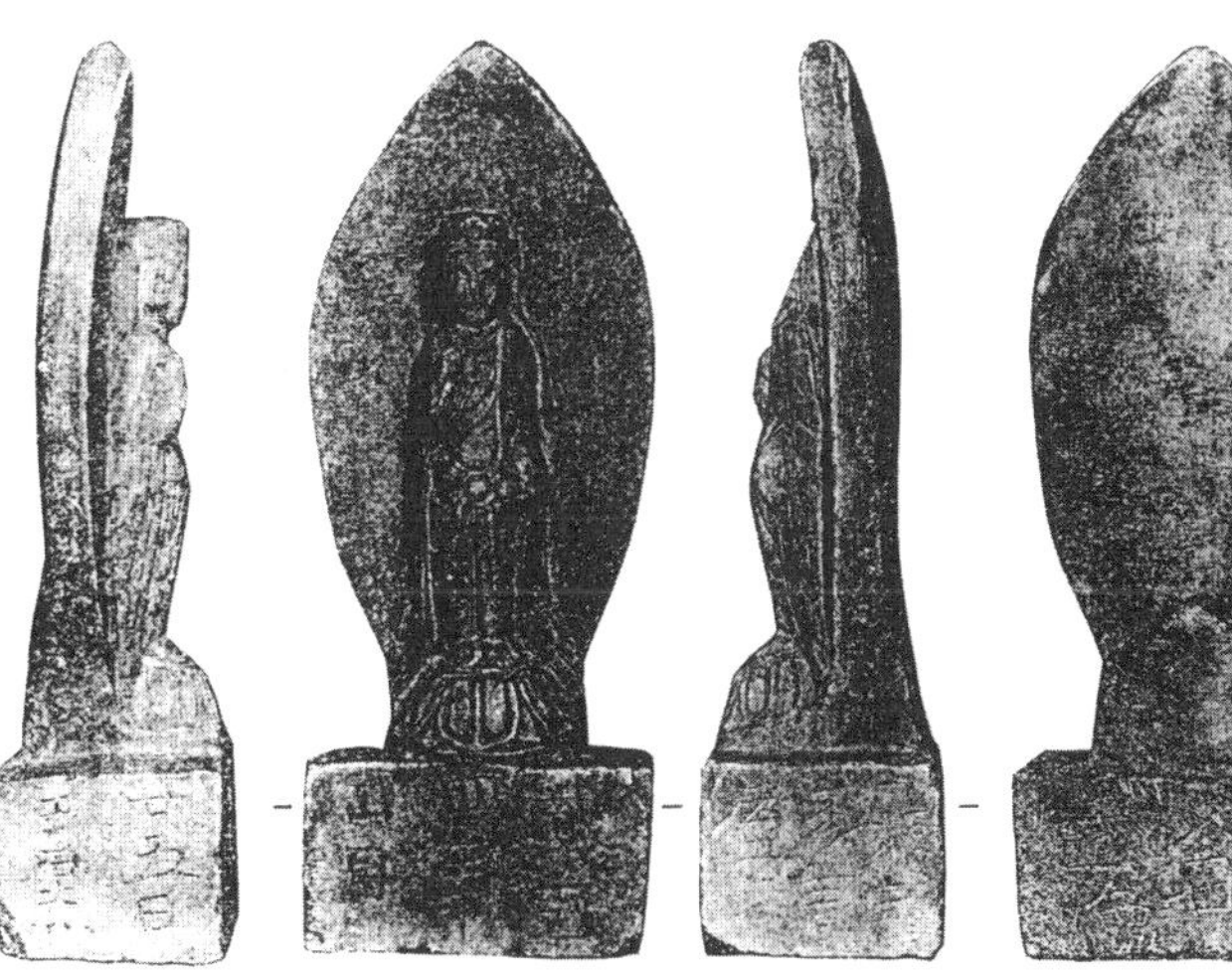

図25　武帝四年銘白玉菩薩像

と二三文字が沈刻されている（図26）。

武定四年は五四六年にあたり、東魏孝静帝の時期にあたる。

このような本資料は、修徳寺跡出土の「武定二年菩薩立像」に酷似しているが、それより小形である。全体的に東魏のとくに「武定式」の特徴と言われている、体が透けて見える薄衣、顔丸く、腹部膨らみ、太って背が低く、親しみのもてる菩薩像、にまったく合致している。

よって、出土地は分明ではないが[4]、武定四年の紀年銘をもつ白玉製菩薩立像の一例として位置づけることが可能であると言えよう。

武定年間の白玉小形像[5]として知られている造像は、二仏並座像・菩薩立像・菩薩思惟像・如来座像があるが、本資料のごとき菩薩立像と類似する資料が修徳寺跡より四例出土している。

1　観世音菩薩立像　武定元年（五四三）高さ四七・五センチ。銘「大魏武定元年　歳次癸亥五月　庚寅朔十二日辛　丑清信士仏弟子　揚廻洛遇患遥　□即発洪□誓願（?）造観音白玉像一　躯上為竜天八部　中報四恩下為含　識并七世先亡父母現在親父　及己身現存眷□　生々世々恒値詣　化弥勒下生一時　居道」

2　菩薩立像　武定二年（五四四）高さ三五センチ。銘「武定

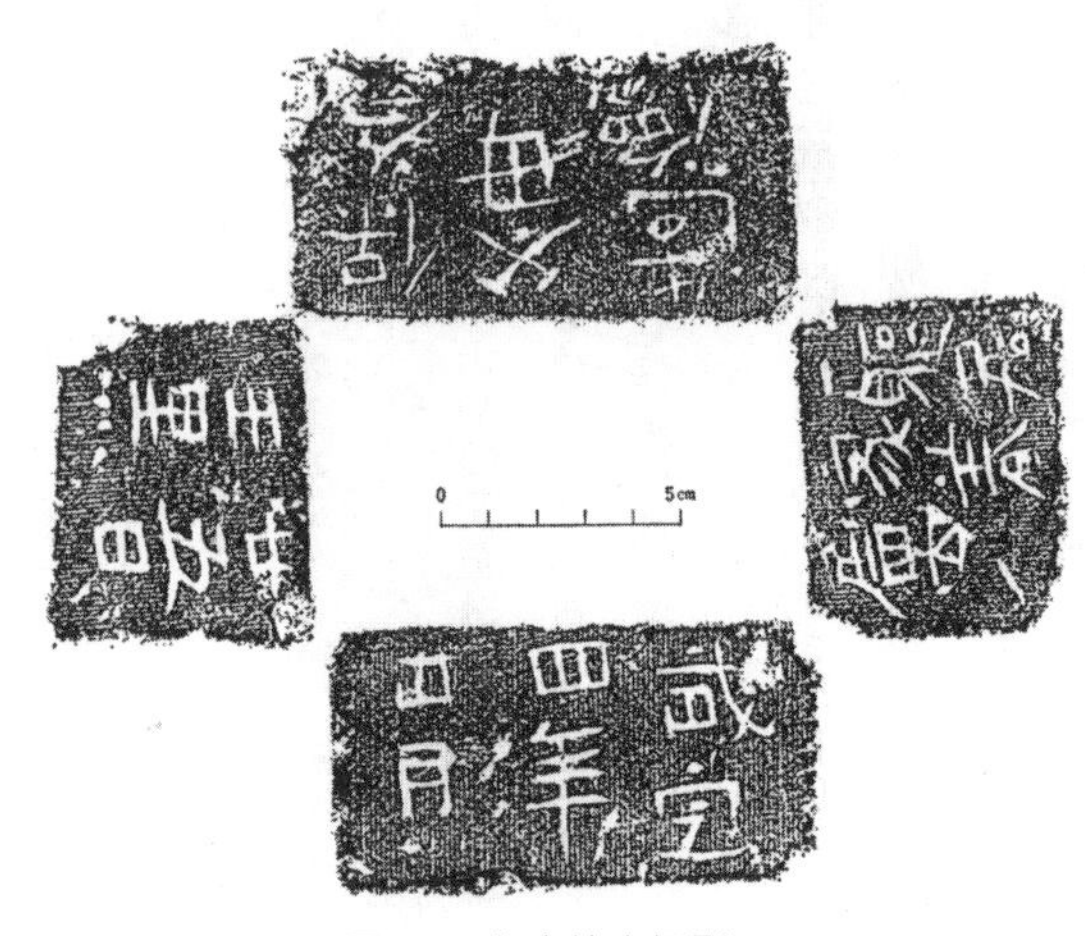

図26　台座銘文拓影

二年太　歳甲子　信士蘇豊　洛造玉象（像）二区（軀）大家父母為大家兄　弟眷属　所造玉　象（像）挙高尺半（?）願□」

3　菩薩立像　武定五年（五四七）高さ三八・五七センチ。銘「大魏将軍在　甲子太歳在　丁卯武定五　年六月丙寅　朔廿四日乙丑　趙宗貴造　玉像一区（軀）上　為忘（亡）父下為　現存内親　自為既（己）身　妻息洽（含）生侍仏」

4　観世音菩薩立像　武定七年（五四九）高さ三八センチ。銘「武定七年　七月甲　寅朔　十七日　仏弟子　馬行（?）興　為見（現）存　父忘母　造観世　音像一　軀願忘（亡）母常在仏　側所（側）求　如意」

以上四例の武定年間菩薩立像に本資料を加えることにより、「武定式」菩薩立像資料の増加を計ることができるのである。

すなわち、その資料は武定七ヶ年間中の元年より七年にかけての白玉菩薩立像であり、五例がそれぞれ異なる紀年銘であることは様式特徴の把握に好資料と言うことができるであろう。

東魏における造像は、北魏と北斉に狭まれた時期であるが、面長厚衣の北魏仏と対照的な面丸薄衣な東魏仏を形成した。とくに「武定式」の登場は、東魏造像様式の完成でもあったと言えよう。

北魏仏は多く石窟造像を中心とする研究によってその特徴が把えられてきたが、東魏仏については、小形造像の存在より識者間に注視されてきていたに過ぎなかった(6)。東魏の時代が僅か一六年間に過ぎなかったこともあって、とかく北魏仏に対して異なる様式を形成した北魏仏の方に注意が向けられてきた。しかしながら、北斉仏の形成にはその前階梯であった東魏仏を媒介させることによってトータルな把握が可能になってくる。かかる意味において東魏仏の完成でもあった「武定式」の存在は極めて注目されるのである。

このように見てくると、立正大学所蔵の武定四年白玉菩薩立像の存在は修徳寺跡出土の「武定式」資料の検討にとっては勿論のこと、東魏仏の一例として重要な位置を占めるものであるといえるであろう。

追記

野村耀昌先生の古稀を寿ぎ、あわせて立正大学の定年退職を記念して編まれる論集に小稿を寄稿させて頂いた。理由は、(一) に先生のご専門分野の一つである中国の仏教芸術に関するテーマを選びたかったこと、(二) に先生が立正中学より立正大学に進み、一貫して立正をこよなく愛してこられたことより、立正大学の所蔵資料中より先生に関係ある新資料の紹介を果したかったこと、(三) に立正大学文学部史学科に在学中「西域文化史」の講筵に侍らせて頂いたことから関連する事柄について一文を呈したかったこと、による。

(二)　押出仏

一九八八年(昭和六三)二月二八日の朝刊各紙は、一斉に千葉県佐原市関の峰崎横穴墓群の第三号墓より〝押出仏〟が出土したことを報じた(図27)。

この押出仏は、一九八七年八月に佐原市教育委員会が実施した調査によって検出され、久しく検討されていた資料であった。

押出仏は、第三号横穴墓の玄室部左側の棺座より、人骨の一部、勾玉などと共に検出されたもので、銅板の厚さは〇・四ミリ、縦一七センチ、横一五・六センチあり、その上に厚さ〇・三ミリの如来三尊がつけられている。銅板の形状は光背形を呈し、下辺に枘がつけられている[7]。

鑑定にあたった田辺三郎によって押出仏であることが明らかにされた本資料は、東国の一横穴墓中よりの出土として注目されるにいたったのである。押出仏は、塼仏と共に白鳳時代の所産として[8]、いわゆる〝白鳳時代問題〟を考え

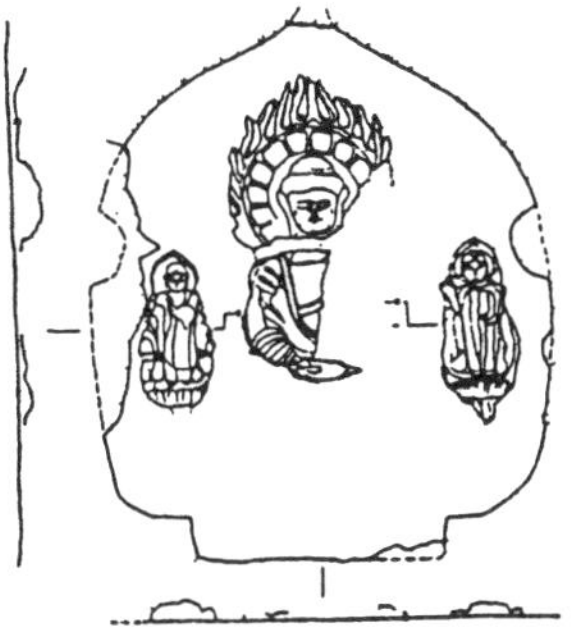

るとき、常に話題となってきた。

そして、すぐ思い出されるのは、法隆寺の厨子入の押出仏であり、東大寺七重塔の初層荘厳用の押出仏雄型のことである。また、唐招提寺＝知恩院・当麻寺の押出仏を御物「阿弥陀五尊像」ともども想起される。唐招提寺の阿弥陀立像二体を中心に左右に観音・勢至を配している押出仏は、中国隋唐の押出仏優品と比べて、かなり粗な製作技法をもっているものとして印象に残っている。

押出仏は、元来、それ自体を礼拝の対象としている例（A類）、厨子あるいは堂宇内壁面などの荘厳を意としている例（B類）などがあるが、その源流である中国の隋～唐代の石窟寺院に見られる千仏荘厳にその典型的な用い方を見ることができるであろう。

図27　横穴墓出土の押出仏
（『朝日新聞』1988.2.28）

A類の場合は、製作の技法の一つとして把握されるもので、銅板鋳出像・銅板線刻像などの存在をあわせ考慮するとき、礼拝対象仏として理解される。

それに対して、B類は、壁面荘厳など建築内部、ごく稀れには外部の部分的荘厳として用いられたもので、塼仏の用いられ方に近いようである。

したがって、仏教信者の持物として、また、仏寺の荘厳用として理解されるのが押出仏の本来的性格であると言えよう。

この度、上総国の一横穴墓より出土した押出仏は、A類にあたり、その製作法の特徴より七世紀の後半前後に年代的位置づけをあたえることができるのである。ここにおいて被葬者の生前における優婆塞（upāsaka）としての姿を想起するのである。

註

（1）羅福順「河北省山陽県出土石像清理工作簡報」（『考古通訊』一九五五年三期）、李錫金「河北省曲陽県修徳寺遺址発掘記」（『考古通訊』一九五五年三期）

（2）揚伯達「曲陽修徳寺遺址紀年像出土三十周年所感」（『故宮博物院院刊』一九八四年第四期）、楊伯達（松原三郎訳）『埋もれた中国石仏の研究―河北省曲陽出土の白玉像と編年銘文―』（一九八五・九）など。

（3）本資料の伝来・寄贈者については現在のところ詳らかではない。ただ、久保常晴によれば、かつて立正大学に非常勤講師として出講（一九三一年三月まで）していた原田淑人寄贈の俑・鏡鑑などと共に考古学標本室に展示されていたという。したがって、大正時代に日蓮宗の関係者によって寄贈されたものであろう、とも伝えられている。

（4）石質（白大理石）、造像技法より河北地方において製作されたものであり、出土地もその範囲と見て誤りあるまいと思われる。

（5）東魏（北斉の例も含めて）の小像中、白玉仏の大きさは「三、四十センチより六、七十センチに一定している」とする松原三郎の指摘によれば、武定四年の本資料は二六・五センチであり、最小の例となるであろう（松原「曲陽出土石仏の意義について」『埋もれた中国石仏の研究』前出）。

（6）小形の白玉像については、日本・欧米のコレクション中に多く見られると言われているが、それの研究が必ずしも進展しなかった事由の一は「真贋」問題があったからであろう。しかし、修徳寺跡をはじめとして一九七〇年代に鄴南城遺跡の一帯より曲陽派の白玉像の出土が相次ぎこの問題が解決されたことは記憶に新しい。

（7）主として『朝日新聞』（一九八八・二・二八）による。

（8）押出仏については、久野　健『白鳳の美術』（一九七八）に詳しい。

七　富士山信仰と考古学

富士山は、「信仰の対象と芸術の源泉」として世界文化遺産に登録された。古来、富士山は、神霊の坐ます霊山として崇められてきた。とくに八世紀末から九世紀にかけての噴火に対して、富士の神―浅間の神に鎮謝祭祀が行われ、そして奉告された恐れの山でもあり、浅間信仰が形成されていった。

八〇二年（延暦二一）の祭祀と読経、八六四年（貞観六）の鎮謝は、浅間神社の創建と関連し、八五三年（仁寿三）ほかの浅間神の授記ともども浅間の神に対する朝廷の具体的な行動を示している。

信仰の対象であった富士山は、浅間信仰の展開の舞台として学問的にも注目されてきた。一九二八・二九年に「富士の研究」六冊が浅間神社社務所から刊行された。Ⅰ『富士の歴史』（井野邊茂雄）、Ⅱ『浅間神社の歴史』（宮地直一・廣野三郎）、Ⅲ『富士の信仰』（井野邊茂雄）、Ⅳ『富士の文学・美術・遺跡』（高柳光壽）は、同時に刊行された自然分野のⅤ・Ⅵとともに富士山・浅間信仰の研究にとって不可欠の著作として活用されてきたが、考古学の資料は欠如していた。

富士山が考古学の分野で注目されるようになったのは、一九三〇年に山頂の三島ヶ獄から経塚が発見された以降であった。山頂八葉の三島ヶ獄経塚の発見は、富士上人末代の経典埋納物の発見として大きな話題となった。佐野武勇及び足立鍬太郎の調査報告は、出土遺物の観察について論じた赤星直忠の見解ともども考古学界の注目を浴びたのである。

その後、富士山それ自体が考古学の分野で論議されるようになったのは一九六三年のことであった。この年、大場磐雄は、神社の起源を神道考古学の立場から論じ、〝神の籠る山〟を「浅間型（富士山型）」と「神奈備型（三輪山型〉」に大別した。山頂が円錐形に尖った浅間、小形の三角形・笠形を呈し樹林に被われた神奈備、の二類型を設定した。ともに「山嶺が尖り神霊が降臨する山」と捉えたのである。

大場による〝祭祀対象山容二型論〟は、いわゆる〝霊山類型説〟にも引継がれているが、祭祀関連遺跡の分類のなかで捉えられているのは「神奈備式霊山」と称されている「神奈備型」である。「神奈備型」は集落（里）と指呼に位置し、耕地と平面的に連続する生産の場を有する秀麗な山容を呈するものであり、かつ、山中に特徴的な岩や湧水など自然形成物が認められている。他方「浅間型」は、集落と遠隔の地に位置し、峻険的な存在である。

信仰対象の山は、遥拝・登拝の行為によって目的が果たされるが、遥拝に際しては祈願の場、登拝にあっては自然的作為の場と頂上祭祀の場の認識が重要である。その場に祭祀の痕跡が往々認められ、検出されることがある。

このような場は、祭祀の痕跡であり、そこで行われた行為の物質的残滓が遺物である。祭祀の遺物は祭祀の遺跡と一体化として捉えられる。かかる遺跡と遺物を手掛かりとして祭祀のあり方を追究することを目的として、宗教考古学の分野が醸成されるようになった。

一九三〇年の三島ヶ嶽経塚の発見は、末代上人による仏教的作善業の具象的遺物の検出であった。それは、文献史料に見られる末代上人の大日寺（堂）建立とともに富士山に対する信仰の発露を示す物質的（考古学）資料として捉えられ、また、経ヶ岳（五合目）からの出土を伝える経筒の存在も同然の資料である。

物質的（考古学）資料は、ヒトの行為を具体的に示す歴史的資料であり、文献史料と双璧の史料である。

以前、富士山の信仰は、浅間大神・木花開耶姫、また、大日如来の本地仏としての浅間大菩薩とする神仏習合の思想の浸透と実践は、修験道となって展開していった。さらに、富士講信者による富士信仰の勃興となって続く。

残された文献史料によれば、富士山は、七八一・八〇〇～八〇一・八六四・九三七・九九九・一〇三三・一〇八三～一一二五・一五一一・一五六〇・一七〇〇・一七〇七年に噴火が認められている。よって、噴火に伴う鎮謝行為の場の築成、噴火鎮静後の登拝に関しては、噴火の実際が考慮されたのは当然のことである。

富士山の考古学的発掘が実施されたのは、世界文化遺産の登録に伴う必要性からであった。

駿河における調査は、富士宮市教育委員会による浅間大社遺跡（一九九六など）・村山浅間神社遺跡（二〇〇二など）・史跡人穴（一九九八など）、静岡県の富士山世界文化遺産登録推進事業として（財）静岡県埋蔵文化財調査研究所が実施した（二〇〇八〜二〇一一）、浅間大社遺跡・山宮浅間神社・村山浅間神社・富士山頂信仰遺跡の発掘であり、甲斐においては、山梨県教育委員会・山梨県埋蔵文化財センターが実施した（二〇〇九〜二〇一一）、富士御室浅間神社二合目本宮境内地遺跡・北口本宮富士浅間神社社有地・富士御室浅間神社里宮・河口浅間神社及び吉田口登山道関連遺跡（五合目・鈴原下A）などの発掘であった。

このような発掘を伴う富士山の考古学的調査は、静岡・山梨両県下における最初の実施例となったのである。それぞれの発掘は、諸般の事情によって限られた面積に止まったが、注目すべき成果が挙げられ、主体機関と担当者によって発表された。

讀賣新聞　文化　2013年（平成25年）9月18日（水曜日）　17

史跡 観光と保護の板挟み

「天空の城」竹田城　石垣緩み崩落の危険

世界遺産 富士山　登山道などに客集中

大勢の来訪者でにぎわう竹田城跡。シートで覆われた部分が応急処置を施した石垣

図28 『読売新聞』（2013・9・18）

さて、世界文化遺産として富士山は登録されたが、富士山の考古学的調査は、端緒を得たに過ぎない。今後の継続的調査が期待されるのは言うまでもない。富士山の信仰に関する歴史的研究にとって物質的（考古学）資料を等閑視することはできない。物質資料は、地下に埋設している資料と地上に伝世している資料がある。埋没資料は、発掘によって検出され、伝世資料は、博捜によって見い出され、それぞれ歴史的な価値が明らかにされる。

富士山の信仰史は、すでに時代ごとに明らかにされてきたが、各時代の信仰の証跡を具体的に捉えるには考古学的方法の実践が必要である。各登山道の位置と施設、登山道のルートの探策、各合目における信仰拠点の実態把握、頂上信仰施設のあり方の究明にとって考古学的な研究視点は不可欠である。それは地域と時代を超えて検討さるべき課題と言えるであろう。

八　富士山と仏教の考古学

㈠　信仰の対象と芸術の源泉

第三七回ユネスコ世界遺産委員会は、二〇一三年三月二六日付で、世界遺産一覧表に「富士山―信仰の対象と芸術の源泉」を記載することを決定した。

富士山は、「古代から今日に至るまで山岳信仰の伝統を鼓舞し続け…頂上への登拝と山麓の霊地への巡礼を通じて…神仏の霊能を我が身に吹き込むことを願った」山であり、「深い憧憬、その美しさへの感謝、自然環境との共生を重視する伝統と結び付き」「一群の構成資産」は「崇敬を基軸とする生きた文化的伝統の類い希なる証拠」と評価されたのである。文化的構成資産は二五、富士山域とその山麓に所在している。

構成資産は、富士山信仰で聖域とされている標高一、五〇〇メートル以上の山域と山麓の浅間神社、白糸ノ滝、富士五湖、人穴富士講遺跡などである。山頂の信仰遺跡群、各登山道、各浅間神社、人穴富士講遺跡は、考古学にとって調査の対象であり、まさに文化遺産の観点にとって重要な存在である。

富士山は、古来、自然科学（火山学など）人文科学（宗教学・歴史学など）の両分野の研究対象として調査が行われ、研究の成果が公けにされてきた。

八世紀末～九世紀、富士山の噴火に際して鎮静を願った祭祀と読経が史料に散見する。富士山信仰の遡源であり、形成の原点である。一二世紀に入り富士上人末代により山頂に大日堂が造営されて顕在化されていった。

二　富士山信仰と考古学

富士山の信仰は、噴火の鎮静を祈願する山体遥拝にはじまり、山の神を祭る浅間神社を建立して祭祀を行うようになっていった。その祈りは祭と読経であった。浅間神社には浅間大社を祭り、神仏習合により神の本地仏として大日如来が山頂などに鎮座し、大日堂が造営された。このような信仰の歴史は、文献・古事記によって知ることができるが、伝承も記録化され、祈りの世界の移り変わりと、ときどきの人びとの願いが伝えられている。

しかも、書かれた記録と同時に信仰の具体的な姿はモノ（物質的資料）に残され、伝えられている。文献などの史料は、信仰の歴史を忠実に伝えているが、伝来された史料は限られ、伝説的な記述も多い。一方、モノは信仰の実態を示す具体的資料である。

考古学は、モノを研究の対象とする歴史学であり、モノを通して客観的に歴史を復元する。信仰、宗教の歴史もモノの観察によって明らかにすることができる。祭祀、仏教の歴史の研究にも有効な方法である。

仏教考古学の対象は、寺院・塔婆・仏像・仏具・経塚などであり、富士山の仏教的信仰の姿を具体的に把握することが可能である。

いまは失われた山頂の寺・堂、塔、仏像、経塚は、仏教考古学の手法によって知ることができる。その調査と研究は一部を除いてまだ十分ではないが、神仏習合の具体的な姿を遺跡と遺物を通して考えることが可能であり、対象資料の調査が期待されている。

三　噴火の体験から祈りへ

古代における富士山の記録は、八世紀の後半から九世紀の中頃にかけて見られる。それは噴火と鎮静への願いを込めた祭祀の動きであった。

七八一・八〇〇年に駿河、八六四年に甲斐に、噴火の鎮謝を祈願して祭祀と読経が奉じられ、浅間神社が創建された。そこには、浅間の神に対する祈りと読経供養した実相が示されている。

富士山本宮浅間大社（駿河）と北口本宮富士浅間神社（甲斐）の創建は、文献史料により、建立の目的を推察することができるが、その原初形態については必ずしも明らかではない。

本宮浅間大社は富士山溶岩流の末端部に、北口本宮富士浅間神社は富士山貞観噴火口に向けて造営されていることは、創建の背景を示しており興味深い。浅間神社の立地が溶岩流の末端と深く関係していることは、本宮浅間大社の山宮として位置している山宮浅間神社なども共通している。

一方、北口本宮富士浅間神社は、古代官道「甲斐路」の河口駅の東方に位置している。駅との関係が考えられている西川遺跡から「川」などの墨書土器と転用硯が出土し、官衙の遺跡、祭祀の遺物が見られ、神社の立地が八〜九世紀の官道・集落の存在と密接に関っていたことが知られている。

本宮浅間大社の隣接には富士大宮司居館、北口本宮富士浅間神社の至近地には河口駅と集落が形成されており、噴火を体験した人びとによって浅間の神が祭祀されたのである。

(四)　富士山頂に眠る膨大な埋経

一二世紀のはじめ、富士上人の末代は、富士山に頻繁に登頂して山頂に大日寺と号する仏閣を造営し、さらに一切経典を書写して埋納する計画をたてた。末代は、関東を中心とする東海道・東山道の人びとに対して、この作善業に結縁して善根を積むことを説き、四六九六巻（経・律・論并賢聖集）の書写を終えたが、大般若六百巻が残った。そこで鳥羽法皇の援助のもと、一切経五二九六巻及び宸筆心経と尊勝陀羅尼各一巻の書写を果すことができた。

一一四九年五月のことである。

末代の見仏悟道の発願は、鳥羽法皇をはじめ多数の結縁者を得て作善業を円生して富士山頂に埋納した。

この頃、本宮浅間大社、山宮浅間神社における祭祀が行われていたことが発掘された土器によって判っている。

一九三〇年八月、富士宮口の頂上、本宮浅間大社頂上奥宮の参籠所建設に伴い「富士十八峰」の一つ三島ヶ岳の麓が発掘され、木箱・経筒などが出土した。約一・五メートル四方の木箱には腐朽した経軸数百本が収められ、経筒(三個)には二段に経巻が見出された。大部分は紙本血書経であった。

この経塚の出土品は、発見時の状態の観察不備による混乱があり、現在、出土品の行方が不明のため検討することができないが、発見当時の経巻写真と調査者の所見から、末代埋納の一切経典であると判断されている。

(五)　本地垂迹の富士信仰

富士上人末代の勧進によって、富士山頂の三島ヶ岳に埋められた一切経典五二九六巻は、天台浄土思想による作善業の一つである経塚の造営であった。経、律、論、賢聖集四六九六巻と大般若経六〇〇巻に宸筆心経及び尊勝陀羅尼各一巻を加えた埋経は、空前絶後の事業であった。

三島ヶ岳経塚は、わが国の埋経史のうえで文献史料(鳥羽天皇写大般若経発願文、一一四九年(久安五)五月十三日付、『本朝文集』巻五九)によって、勧進者、結縁者、経典、書写供養の方法、目的、埋納地、時期が明らかな希有な遺例といえる。富士山への一切経埋納は、鳥羽法皇、京洛、関東中心の東海・東山両道の多数の人びとの結縁による壮挙であり、埋経の頂点であった。

末代は、富士山の山頂に大日寺と称する仏閣を造った。大日寺は、大日如来に由縁する仏閣である。神は、仏の垂迹(仮の姿)と説いた本地垂迹説は、富士山の神(浅間)の本地仏を大日如来としたのである。

富士山と仏教との関係は、一二世紀のはじめ頃、末代による大日寺の造営と三島ヶ岳の経塚の埋経にはじまり、一三世紀以降、修験道の発達によって、本地仏の大日如来像が山中の信仰の拠点に安置されるようになった。末代は、山麓村山に活動の本拠を置き、その地で没したという。村山修験の中心富士山興法寺（現村山浅間神社）には、一三世紀中頃の胎蔵界大日如来の坐像が置かれている。

(六)　富士信仰を襲った廃仏毀釈

富士山の神、浅間大菩薩の本地仏は、中世〜近世にかけて大日如来であった。よって、山中には大日像が奉祀されていた。

現在、東京柴又の帝釈天として知られる題経寺に銅造の観音菩薩坐像（一四九三年〈明応二〉）と大日如来坐像が所蔵されている。観音は、富士山頂の東賽ノ河原に安置されていたが、明治に入って村山に降ろされた像、大日の由来は明らかでないが、恐らく観音と同じ道程をへて、ともに題経寺に移された。「山下り」の仏像である。

富士山中の堂・祠に奉納され安置されていた仏像は金属製であった。銅製のほか、銅首鉄身、鉄首銅身、鉄製のものが多いが、過酷な自然環境が意識された造像であった。

像は、大日、地蔵、不動明王、観音、薬師など山頂の八嶺に造営された堂・祠における礼拝の対象となっていたのである。

しかし、明治初年の神仏分離令により、山頂の大日堂は取り除かれ、山頂に奉安されていた多くの仏像は排斥されて、富士山から仏教文物は一掃された。

このような未曾有の事態に直面した仏教の信者は、密かに山頂の仏縁を麓に持ち下りた。現在、村山浅間神社の大日堂（旧興法寺）に安置されている仏像はその一部である。

大日堂の本尊仏、二躯の木製の大日如来坐像（一二五九年の胎蔵界・一四七八年の金剛界）と共に「山下り」の諸仏が安置され、かつての神仏習合の富士信仰を伝えている。

(七)　神仏習合を物語る「懸仏（かけぼとけ）」

富士山信仰を具体的に示している遺物として「懸仏」がある。懸仏は「御正体」とも呼ばれ、鏡面に像を線刻した「鏡像」の発展系で、鏡面に半肉彫や丸彫りの仏を貼りつけた円形の銅板（鏡）品である。上部左右に吊り具がつけられているので、吊るして礼拝する仏であったことが判る。

神仏習合の富士山信仰の遺物として懸仏が山中から見出されている。

とくに、山頂の三島ヶ岳付近と吉田口七合五勺の烏帽子付近から出土した懸仏は「八体内」の二面であり、ともに一四八二年（文明一四）六月に「源春」が本願人となり「総州菅生庄木佐良津郷」（木更津市）の「大工和泉守光吉」が製作し、山頂の八嶺に奉納されたものであった。虚空菩薩と不動明王の半肉彫り像を配した二面のほか未発見の六面ともども八葉蓮弁に見立てた高所に安置されていた。

懸仏は、山頂より発見される例が多く、「文亀三年」（一五〇三）「天文四年」（一五三五）「天文一二年」（一五四三）「永禄三年」（一五六〇）「天正一九年」（一五九一）などの紀年銘が見られ、一五世紀の後半から一六世紀にかけて奉納されていたことが判る。

これらは胎蔵界曼荼羅の八葉蓮華を山頂の八嶺に比定した高所の仏閣に奉納された。八嶺の仏閣は恐らく石室状の施設であった。そこには本地仏である大日如来などが安置されていたことが察せられ、懸仏の奉納の場となっていたことが想定される。

(八)　山頂の信仰遺跡と仏教

富士山の文化遺産構成資産として「山頂の信仰遺跡群」が掲げられている。山頂は、神仏の坐す場であり、霊山の原点であった。

噴火口は大内院、周囲の八つの高まりは富士八峰（八葉蓮華）と呼ばれ、末代上人建立の大日堂（現浅間大社奥宮）のほか薬師堂（現久須志神社）などが造営された。大日堂には鉄造の金剛界大日、薬師堂には銅造菩薩八体が安置されていた。

頂上の初穂打場には首と両手は銅、胴は鉄造の胎蔵界大日と銅造の地蔵菩薩立像、東賽ノ河原には銅造の観音菩薩坐像、剣ヶ峰登山道には三体の大日如来像が置かれていた。いま、三島ヶ岳の麓、銅馬舎、旧薬師堂跡付近には頭部が欠かれた石仏が見られる。銅造の仏像は「山下りの仏」となって離れ、石仏は現地で破棄された。

山頂の堂の破却と仏像の撤去・破壊は、明治初年の神仏分離令により「富士山頂仏像悉皆取除」かれ、大日堂は浅間宮に薬師堂は久須志社と改称された。

末代上人による大日堂建立と一切経典の埋納は、神（浅間）と本地仏（大日如来）の神仏習合となり、山頂の祭祀と祈願は近世まで続いた。山頂の管理運営を保持してきた駿河の村山興法寺を中心とする村山修験、近世に入って勃興隆盛し、甲斐の吉田登山道を主な経路として山頂を目指した富士講、いずれも山頂の「御鉢巡り」が目標であった。その要所には堂があり、仏像が鎮座し、礼拝の対象となっていたのである。

(九)　富士山を掘る

富士山の世界文化遺産の申請に伴い静岡（駿河）山梨（甲斐）において対象とされる浅間神社の周辺の考古学的調

査が実施された。富士山の信仰遺跡の計画的発掘として初めてのことである。従来、偶然の機会に発見された信仰関係の遺物についての調査は試みられたが、計画的な発掘調査が行われたことがなかったのである。

静岡側では、富士山本宮浅間大社、山宮浅間神社、村山浅間神社、山梨側では、河口浅間神社、富士御室浅間神社を主対象とし、各神社の由来と背景を発掘調査によって明らかにする方法がとられた。

その結果、富士山本宮浅間大社と山宮浅間神社には一二世紀代における祭祀の様相が明らかにされ、村山浅間神社においては村山修験の本拠であった興法寺大日堂とその周辺の有様が神仏習合期とさらに遡る九～一〇世紀代の遺物が発掘された。末代上人の登頂をめぐる歴史的な背景を考えるうえで重要な資料が提出されたのである。

一方、富士御室浅間神社の本宮（二合目）周辺の発掘は一二世紀後半～一三世紀初頭の遺物が出土し、吉田口登山道の信仰の拠点の年代を知る手掛りとなった。河口浅間神社は貞観大噴火（八六四年）に際しての創設が考えられてきたが、八～九世紀の西川遺跡（古代駅跡か）の発掘により神社本体の位置について検討する示唆があたえられた。

発掘調査によって得られた重要な成果は、富士山信仰の研究に一時期が画されたのである。

㈩　富士は神と仏の霊山

富士山は、古来、神と仏の霊山として信仰の対象であった。文献史料に記録されている大噴火は、鎮謝を願う祭祀・読経として対応され、浅間の神を生み、さらに本地仏（大日如来）の登場によって、大日寺、浅間神社の創建となった。山の神の信仰は、山林仏教の展開によって神仏習合としての本地垂迹の富士山信仰となっていった。

富士山の溶岩流の末端に祈りの場―浅間神社を設け、山頂の噴火口を大内院とし、火口をめぐる富士八峰を定めて胎蔵界曼荼羅の世界としたことは、信仰の心の伝統であった。浅間神の本地仏大日如来とその使者不動明王など神仏分離令によって山頂から排斥されたが一部は「山下り仏像」として伝えられている。それらは信仰の具像として重要である。

山頂の仏像は金属製が主であるのに対し、麓の像の多くは木製であり、厳しい自然環境のなかの信仰の姿を伝えている。このようなモノ（物質資料）を通して富士山信仰の歴史を客観的に究明するのが仏教の考古学である。また、仏教考古学は、伝承をモノ自体の検証によって明らかにする側面をもっている。

吉田口登山道（五合五勺）の伝経ヶ岳出土の経筒・経巻の考古学的研究の展開、富士宮登山道（五合目）の題目碑（一八六〇年銘）周辺の考古学的調査など、富士山の世界文化遺産登録を契機として新たな研究の展開が期待されるが、さらに重要なことは構成資産の保存と活用である。今後の最たる眼目と言えよう。

著者紹介

坂詰 秀一（さかづめ　ひでいち）

1936 年　東京生まれ
1960 年　立正大学大学院文学研究科（国史学専攻）修士課程修了
現　在　立正大学特別栄誉教授　文学博士

〔主要著書〕
『歴史考古学研究』Ⅰ・Ⅱ、1969・1982、ニューサイエンス社
『歴史考古学の視角と実践』1990、雄山閣出版
『太平洋戦争と考古学』1997、吉川弘文館
『仏教考古学の構想』2000、雄山閣出版
『歴史と宗教の考古学』2000、吉川弘文館
『転換期の日本考古学―1945～1965 文献解題―』2021、雄山閣

〔主要編著〕
『板碑の総合研究』全 2 巻、1983、柏書房
『歴史考古学の問題点』1990、近藤出版社
『仏教考古学事典』2003、雄山閣
『釈迦の故郷を掘る』2015、北隆館
（以下、共編著）
『日本考古学選集』全 25 巻、1971～1986、築地書館
『新版仏教考古学講座』全 7 巻、1975～ 1977、雄山閣出版
『日本歴史考古学を学ぶ』全 3 巻、1983～1986、有斐閣
『論争学説　日本の考古学』全 7 巻、1986～1989、雄山閣出版
『新日本考古学辞典』2020、ニューサイエンス社

2021年 11月 25日　初版発行　《検印省略》

仏教の考古学（ぶっきょうのこうこがく）　上巻（じょうかん）

著　者　坂詰秀一
発行者　宮田哲男
発行所　株式会社 雄山閣
〒 102-0071　東京都千代田区富士見 2-6-9
TEL　03-3262-3231 / FAX　03-3262-6938
URL　http: //www.yuzankaku.co.jp
e-mail　info@yuzankaku.co.jp
振　替：00130-5-1685
印刷・製本　株式会社ティーケー出版印刷

ISBN978-4-639-02798-0 C0021
N.D.C.210　204p　21cm